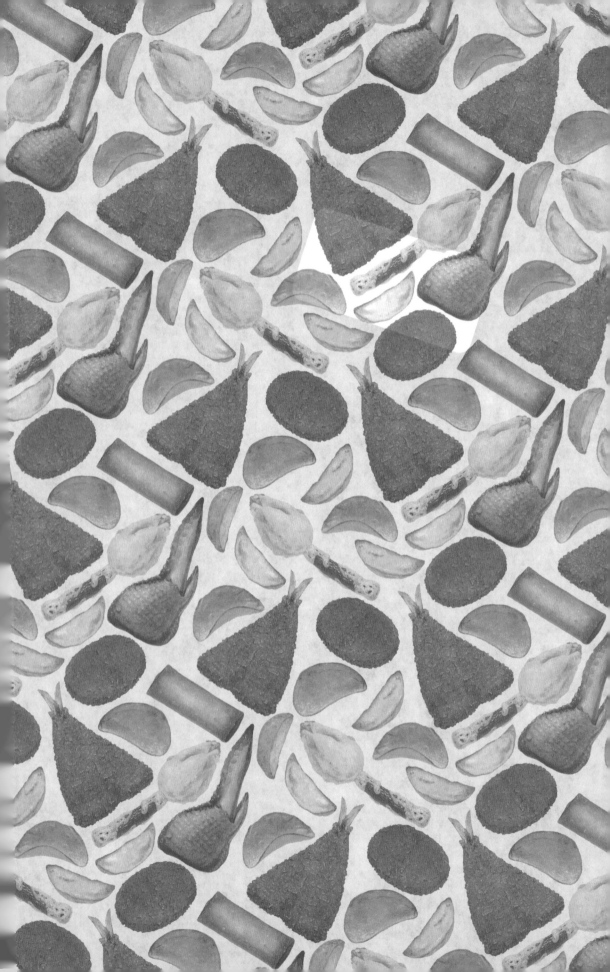

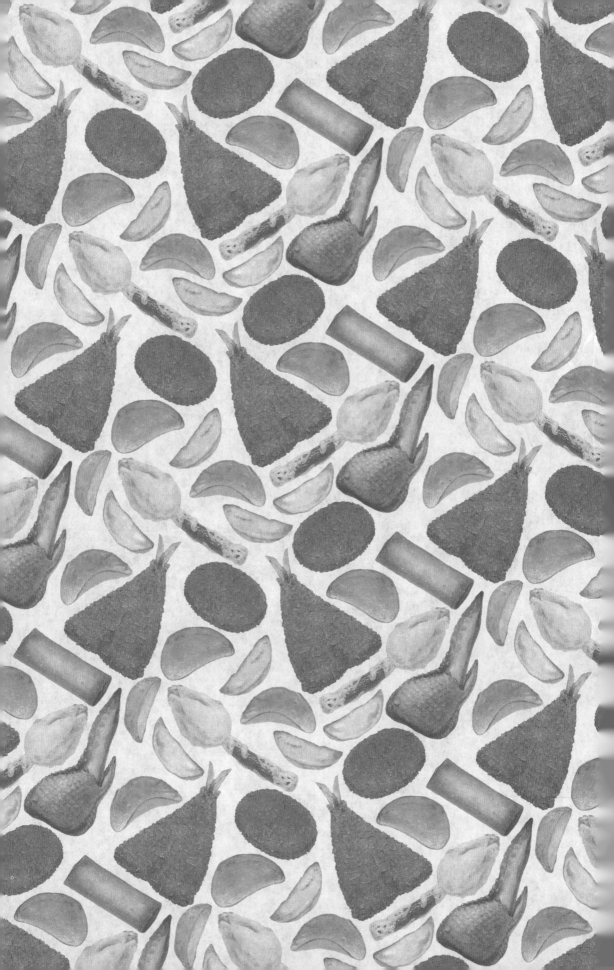

揚肴

4000 Chinese Restaurant／アクアパッツァ／麻布かどわき／アタ／石かわ／慈華／イル・ピスタッキオ・ダ・サーロ／イレール 人形町／ウィル オ ウィスプ／エディション・コウジ シモムラ／オステリア・オ・ジラソーレ／オトワレストラン／おわん／開花屋／カルタゴ／キッチンセロ／銀座小十／銀座うち山／グシテ／クリスチアノ／源烹輪／虎白／KOBAYASHI／賛否両論／ジジ／シチリア屋／jiubar／旬菜 おぐら家／食堂 とだか／シンシア／築地 竹政／テピート／トラットリア・ビコローレ・ヨコハマ／ナイルレストラン／中戸川／ナティーボ／肉うどんの戸上家／日本料理 晴山／日本料理 龍吟／根津 たけもと／パッソ・ア・パッソ／フィッシュハウス オイスターバー／ブランカ／ブリッカ／ボルト／マイマイ／マルディグラ／美虎／目白 待つ宵／モルソー／mondo／焼貝あこや／ゆき椿／ラ・ピヨッシュ／ラ・ベットラ／リオス・ボングスタイオ／料理屋 かめ田／料理屋 こだま／ル・スプートニク／ル・マンジュ・トゥー／レ・ストゥディ／レトノ／ロックフィッシュ／和酒 月肴／分とく山／わたなべ

「揚げもので酒のさかな」——なんて魅力的なんでしょう。

香ばしくて、アツアツで、ハフハフで、カリカリ。

泡ものはもちろん、ワインやお酒やカクテル、ノンアルだって、ついつい進んでしまいます。

この本で紹介するのは、これまでに柴田書店で刊行した料理本から選りすぐった「揚肴」。

和洋中エスニック、それぞれの揚げもの文化を下地として、アイディアを加味したセンスあふれる一品、おいしさど真ん中をついた神スタンダードの一品。

さらりと粋なつまみから、満足感のある料理まで、いろいろお見せしましょう。

66の人気料理店の料理長による、アゲモノレシピ集です。

軽いスナック

ポテトフライ

コロッケ

春巻き

魚介

この本について

◎本書は、過去に柴田書店から刊行された書籍と雑誌から一部内容を抜粋・収集し、再編集したものです。

◎66の掲載店の中には現在閉業しているお店があります。移転等のために店名や店舗情報に変更がある場合は、現在のものを表記しています。

◎各店の料理品目とレシピ情報は取材当時のものです。現在は提供していないものがあります。

◎（とくに油の指定がない限り）材料表から「揚げ油」を省略しています。

軽いスナック

もろみ豆腐スティック

「もろみ豆腐」は豆腐を味噌に
漬け込んでつくる味噌ディップ。
まろやかなコクがおいしく、
そのままでも酒肴になります。
春巻きの皮で巻いて揚げ、香ば
しさをプラス。

材料

もろみ豆腐

> 木綿豆腐　1丁
> もろみ味噌　250g
> 白味噌　250g

春巻きの皮　適量

1　木綿豆腐をゆで、水切りする。
2　もろみ豆腐：ボウルにもろみ味噌
と白味噌を混ぜ合わせる。ここに**1**を
漬け、1週間程度おく。

＊豆腐と味噌がなじんで一体となるので、軽くほ
ぐし混ぜて"もろみ豆腐"として使う。

3　春巻きの皮を適当な幅に切る。端に
もろみ豆腐を細長くぬりつけ、細く巻
いてスティック状にする。油で揚げる。
4　油をきって器に盛り、もろみ豆腐
を添える。

小さく切った新ショウガを、
そのままパン粉揚げに。
香ばしさとともにさっぱりとした
刺激を楽しむ、小さなおつまみ。

材料（2人分）
新ショウガ（大）　1個
小麦粉、卵、パン粉　各適量
ソース（以下比率）

　だし：1
　ウスターソース：1
　ショウガのしぼり汁　少量

1　新ショウガを5mm角の棒に切る。
2　1を小麦粉、とき卵、パン粉の順に
まぶしつけ、油で揚げる。
3　器に盛り、ソース（材料を合わせ
る）を添える。

新生姜のフライ

スナック　―　石かわ　石川秀樹

クワイを塊で、薄切りで、団子にして、それぞれ素揚げ。
香ばしさ、甘み、ほくほく、パリパリなど、
いろいろな食感を盛り合わせに。

材料（２人分）
クワイ　10個
昆布塩*

＊乾燥後、粉に挽いたおぼろ昆布と塩を混ぜ合わせたもの。

1　クワイ３個は皮付きのまま縦半分に切り、素揚げする。
2　他の３個は皮をむいて薄くスライスする。水で洗って水気をよくふき取
り、素揚げする。
3　残りの4個は皮をむいてすりおろし、汁気を絞り、丸く取って素揚げする。
4　**1**、**2**、**3**を皿に盛り合わせ、昆布塩を添える。

ぬか漬けの天ぷら

スナック ── ゆき椿 市川鉄平

ニューヨークの酒場の「ピクルスのフライ」をぬか漬けで再現。
野菜はなんでもOKで、よく漬かった古漬けが
とくにお酒に合います。

材料
野菜のぬか漬け（キュウリ、ニンジン、カブ）
天ぷら衣（卵、水、薄力粉）

1 ぬか床からキュウリ、ニンジン、カブを取り出し、ぬかを洗い流して水気をふく。おのおの薄切りにする。
2 とき卵に同量の水を加える。適量の薄力粉を加えてさっくりと合わせる。
3 **1**に薄力粉をまぶし、**2**の天ぷら衣にくぐらせて、170〜180℃の油で揚げる。衣に火が通ったら引き上げ、油をきる。

スナック ── キッチンセロ　岩倉久恵

菊いもチップ

土っぽさを感じさせる滋味ある
味わい。渋みのある赤ワインに
とくによく合います。
こんがりと色づけ、油をよくきっ
てカラリと仕上げます。

材料
キクイモ
塩

1　キクイモは皮ごとスライサーで1
〜2㎜幅に薄切りし、変色しないよう
水にさらす。
2　水気をよくふき取り、180℃の油
でキツネ色に揚げる。
3　引き上げて油をきる。塩をふり、
皿に盛る。

長いもチップス

スナック ─── ロックフィッシュ 間口一就

細めのナガイモを皮つきのままチップスに。
ピーラーでのスライスの仕方がポイントで、
揚げると縁がちぢれて形が変化します。

材料
ナガイモ（細めのもの）
オリーブ油（揚げ油）
塩

1 ナガイモは皮つきのまま使う。根をあらかじめコンロで焼いておく。
2 **1**を小口からピーラーで薄く引いてスライスする（垂直に引かずに、小口が凸の形になるように引く）。
3 オリーブ油を180℃に熱し、**2**を揚げる。途中で裏返しながら揚げ、まわりが色づいてきたら引き上げる。
4 油をきり、塩をふる。

甘い揚げ菓子チュロスの形を借りた、塩味のスナック。
生地にグリーンピースのピュレとみじん切りを入れ、仕上げにはグリーンピースの乾燥粉末をふって、3段階の複合的な味わいに。

材料（30本分）

A ┌ 牛乳　30ml
　│ 水　70ml
　│ バター　50g
　└ グラニュー糖　3g
薄力粉（ふるう）　60g
塩　適量
卵　2個
グリーンピースのピュレ*　85g
グリーンピースの塩ゆで　適量
片栗粉、塩　各適量
グリーンピースの乾燥粉末
ピーテンドリル

*玉ネギ（1/2個）の薄切りを少量のオリーブ油でじっくりと蒸し煮する。ゆでて薄皮をむいたグリーンピース（200g）、水少量を加えて軽く煮る。塩で味をととのえ、ミキサーにかけ、裏漉しする。

1　鍋に材料Aを合わせて火にかけ、バターを溶かす。
2　沸騰したら薄力粉と塩を加えて、しっかりと混ぜる。
3　**2**をミキサーに移し、ほぐした卵を少しずつ加えながら混ぜ合わせる。
4　**3**にグリーンピースのピュレを加え混ぜる。口金をつけた絞り袋に入れ、バットなどの上に40〜50cmの長さに絞り出す。冷凍する。
5　**4**を長さ10cmにカットして、ゆでたグリーンピースのみじん切りをのせ、片栗粉をまぶし、170℃の油で約2分間揚げる。油をきり、塩をふる。
6　器（写真は富士山の溶岩石）などに盛り、グリーンピースの乾燥粉末をふりかける。ピーテンドリルを添える。

スナック —— ル・スプートニク　高橋雄二郎

グリーンピースのチュロス

ゴボウをフリットに。
ぎゅっと詰まった土の香りに、
山椒の爽やかな刺激がよく合い
ます。

材料
ゴボウ　1本
薄力粉、塩　各適量
山椒塩
　┌　山椒粉　小さじ1/2
　└　塩　小さじ1

1　ゴボウの皮を包丁の背で軽くこそ
いでむく。すりこ木で軽く叩いて繊維
をやわらかくする。長さ6〜7㎝に切
り分け、酢水（分量外）にさらす。
2　1の水気をよくきり、薄力粉をまぶ
して、180℃の油で揚げる。
3　油をきり、軽く塩をふる。
4　皿に盛り、山椒塩（材料を合わせ
る）を添える。

たたきごぼうのから揚げ

スナック ── キッチンセロ　岩倉久恵

熱々の揚げパンにフレッシュチーズや生ハムを挟んで食べる
イタリア、エミリア＝ロマーニャ州の郷土料理。
ラード入りのパンはコクがあり、おつまみに最適。

スナック ── ナティーボ 瀧本貴士

トルタフリッタ

材料

A　薄力粉　250g　　　　ストラッチャテッラ*
　　牛乳　174ml　　　　生ハム
　　生イースト　8g　　　E.V. オリーブ油
　　塩　2.5g　　　　　　コショウ
　　砂糖　6g
オリーブ油（揚げ油）

＊ほぐしたフレッシュチーズと生クリームを混ぜた製品。「ブッラータの中身」として知られる。

1　材料Aを合わせてこね、ひとまとまりにする。ラップフィルムをかけて
冷蔵庫で1日ねかせる。
2　**1**をパスタマシンで厚さ5㎜にのばし、三角形にカットする。冷凍後で保
管する。
3　160℃の油で、凍ったままの**2**を揚げる。
4　**3**にストラッチャテッラと生ハムをのせる。E.V. オリーブ油をかけ、好み
でコショウをふる。

コッコリ＆プロシュート、ストラッキーノ

スナック ── ジジ 西田有宏

イタリア、トスカーナの揚げパン「コッコリ」はスパークリング
ワインやビールとの相性が抜群。現地スタイルにならい、
プロシュート（生ハム）とストラッキーノチーズを添えて。

材料（クルミ大のコッコリ24個分）
A │ ビール酵母（またはイースト）　5g
　│ バター（溶かしておく）　30g
　│ 水（牛乳またはブロードでもよい）160ml
　│ 塩　5g
小麦粉（イタリア00粉）　250g
ピーナッツ油（またはヒマワリ油／揚げ油）
プロシュート・トスカーノ
ストラッキーノ*

*ロンバルディア州原産のクリーミーなフレッシュチーズ

1　材料Aを混ぜ合わせる。
2　小麦粉に**1**を加えて手でよくこねる。ボウルに入れ、ラップフィルムで
密封して1時間ほど温かい場所でねかせる。
3　オーダーごとにひと口大にちぎり、170〜180℃の油で揚げる。
4　油をきり、コッコリをプロシュート、ストラッキーノとともに皿に盛る。
*コッコリを割って、プロシュートとストラッキーノを挟んで食べるようすすめる。

2種のクリスペッレ

シチリア風クリスペッレ──屋台でよく売られている揚げパン──をアレンジ。
セモリナ粉でつくった生地でリコッタやアンチョビを包み、お酒のすすむおつまみに。

材料
生地
> セモリナ粉　500g
> 生イースト　20g
> 塩　5g
> 水　350〜400ml

リコッタ入りクリスペッレ（10個分）
> リコッタ　200g
> 生地　400g

アンチョビ入りクリスペッレ（10個分）
> 塩漬けアンチョビ*　5尾
> 生地　400g

ヒマワリ油（揚げ油）

＊1尾まるごとを塩漬けした製品を使用。

1　生地：ボウルにクリスペッレの材料を合わせて混ぜる。均一になってドロッとしたら、ラップフィルムをかけて半日常温におく。

2　リコッタ入り：**1**の生地40gを手のひらに広げて、リコッタ（前の日の晩から水切りしておいたもの）を大さじ1ずつ包む。

3　アンチョビ入り：アンチョビの頭と中骨、内臓を掃除してフィレにする。**1**の生地20gを手のひらに広げて、フィレ1枚をのせ、さらに20gの生地をかぶせる。アンチョビの形に合わせて包む。

4　**2**と**3**を約180℃の油で揚げる。

くちこ（ナマコの卵巣を塩漬け後、干したもの）に薄くビール衣をつけて天ぷらに。
炙りよりもやわらかく、香りも引き立ちます。

材料（2人分）
くちこ　1枚
ビール衣（以下比率）
- 小麦粉：1
- コーンスターチ：1
- ビール：2

1　ボウルに小麦粉とコーンスターチを合わせ、ビールを加え混ぜて衣の生地とする。
2　くちこを**1**にくぐらせ、油で揚げる。

スナック ── 石かわ　石川秀樹

くちこビール衣揚げ

上等なお茶請けにも宴席のアミューズにもなる、甘い揚げナッツ。
写真下から松の実、ゴマ風味のクルミ、ミックススパイス風味の
カシューナッツ。

揚げ松の実

材料
松の実
シロップ（砂糖１：水２）

1 松の実を水から３回ゆでこぼし、流水で洗う。
2 **1**とシロップをボウルに入れ、蒸し器で２時間蒸す。松の実をザルにあげる。
3 **2**を180℃の油で揚げる。キッチンペーパーにとって油をきる。

炒りゴマをまぶした揚げクルミ

材料
クルミ
シロップ（砂糖１：水２）
上白糖
炒りゴマ

1 クルミの薄皮をむき、半分に切る。３回ゆでこぼして、乾燥臭を抜く。
2 **1**とシロップをボウルに入れ、蒸し器で１時間蒸す。クルミをザルにあげる。
3 **2**のクルミに１割量の上白糖をふりかけて表面にまぶす。これを180℃の油で揚げる。バットに取り出し、熱いうちに炒りゴマをふりかける。

怪味の揚げカシューナッツ

材料
カシューナッツ　225g
A｜砂糖　50g
　｜唐辛子粉　小さじ1
　｜シナモンパウダー　小さじ1
　｜パプリカパウダー　小さじ1
　｜炒りゴマ　小さじ1
B｜砂糖　150g
　｜水　50ml

1　材料Aをボウルに合わせる。
2　カシューナッツを180℃の油で揚げる。
3　鍋に材料Bを入れて火にかけ、砂糖を溶かす。120℃になったら**2**を加えてからめ、さらに**1**をふり入れる。ナッツがパラパラになるように仕上げる。

しょうがのフライ

スナック ── キッチンセロ 岩倉久恵

ショウガを厚めに切って揚げると、おいものようなほくほくとした食感に。
フライ衣のサクサク感でさらに引き立ちます。

材料

ショウガ　100g
薄力粉、卵、パン粉　各適量
塩　適量

1　ショウガを皮ごと約5mm厚にスライスする。
2　**1**に薄力粉、卵、パン粉を順にまぶしつけ、180℃の油でキツネ色になるまで揚げる。
3　油をきり、軽く塩をふる。

ポテトフライ

ポテトフライ

揚げたてにふりかける青海苔で
香ばしさアップ！
2〜3種のジャガイモの風味の
違いを楽しみながら。

材料

ジャガイモ（2〜3種／そのときどき
のもの）
マルドン塩、青海苔
タルタルソース

1 皮付きジャガイモ（写真はシャ
ドークイーン、インカのめざめ、貯蔵
メークイン）を縦1/4にカットして塩
ゆでする。ゆで汁に入れたまま常温に
冷まし、芯まで塩味を浸透させる。
＊塩気を浸透させると揚げたときに甘みが出る。
2 水気をよくふき取り、素揚げする。
3 マルドン塩と青海苔をふりかけ
る。タルタルソースを添える。

タルタルソース

材料

マヨネーズ（自家製）　200ｇ
酢漬けケイパー　大さじ1
コルニション　7〜8本
玉ネギ　1/3個
レモン汁　1/4個分

1 ケイパー、コルニションをみじん
切りにする。玉ネギをスライスして水
にさらし、水気を絞る。
2 1をマヨネーズとあえ、レモン汁
で味をととのえる。

スパイシーフライドポテト

ポテトフライ ― jiubar 川上武美

自家製スパイスで、インパクトのある風味に。
揚げナッツやパクチーもたっぷりと。

材料（1皿分）
ジャガイモ（男爵） 200g
ミックススパイス＊ 大さじ2
  ┌ フライドオニオン 500g
  │ フライドガーリック 50g
  │ 干しエビ 50g
  │ 朝天辣椒粉 50g
  └ 塩、上白糖、クミン（粉末）、花椒粉 各適量
パクチー（みじん切り） 小さじ1
ネギ（みじん切り） 小さじ1
揚げカシューナッツ（砕く） 大さじ1

＊材料を合わせてフードプロセッサーで粉末にする。

1 ジャガイモを皮付きのままで浅めに塩ゆでし、くし形に6等分する。冷ましまして冷蔵庫で保存する。
2 **1**を素揚げする。
3 油をきり、ミックススパイス、パクチー、ネギ、揚げカシューナッツであえる。

良質の牛脂で揚げて、風味よく。
時間がたってもカリッとした食感と香ばしさがもちます。

材料
ジャガイモの棒切り
牛脂の塊
塩

1 牛脂の塊をこまかくきざみ、鍋に入れて火にかけ、溶かす。漉して、不純物などを取り除く。
2 **1**の油を揚げ鍋に入れて熱し（約180℃）、ジャガイモを揚げる。
3 油をきり、塩をふる。

桂むきしたジャガイモのロール
揚げ。
ポテトの層が口の中でカリカリ、
ホロホロとくずれ、
見た目も食感も楽しい一品に。

材料）
ジャガイモ　200g
小麦粉（薄力粉）　適量
塩

1　ジャガイモの皮をむき、縦長に桂
むきしてリボン状にする。
2　**1**をくるくると巻き、直径約1cmの
太さのロールにする。長さ3cmに切り
分け、ひとつずつ楊枝でとめる。
3　**2**に薄力粉を軽くつけ、中温（165
〜170℃）に熱した油でキツネ色に揚
げる。
4　楊枝をはずし、軽く塩をふって、
器に盛る。

じゃがロール

ポテトフライ　—　虎白　小泉瑚佑慈

揚げじゃがいも からすみ和え

ポテトフライ ── 虎白　小泉瑚佑慈

さいの目のポテトフライにからすみをトッピング。
小さな一口に旨みと香ばしさと塩味のハーモニー。

材料
ジャガイモ
からすみ

1　ジャガイモの皮をむいて1cm角に切る。170℃に熱した油で揚げる。
2　油をきって器に盛る。からすみをすりおろしてふりかける。

カリカリポテトサラダ

ポテトフライ ── 美虎 五十嵐美幸

カリカリのポテトチップでつくるサラダ。
ジャガイモを大きめにスライスすると、インパクトのある仕上がりに。

材料（2人分）
ジャガイモ（メークイン）　1個
ハーブ（クレソン、ワサビ菜、イタリアンパセリ、ルーコラなど）　各適量
ユズ（レモンでもよい）　1/2個
A｜　生コショウの塩漬け（酢漬けケイパーでもよい）　小さじ1
　｜　塩　ひとつまみ
　｜　太白ゴマ油　大さじ2

1　ジャガイモを皮付きのままスライサーなどで縦に薄くスライスし、水に
さらす。水分をよくふき取り、180℃に熱した油でカリッと揚げて、油をきる。
2　ユズの表皮を細切りにする。実をしぼって汁をとる。
3　ハーブをさっと水洗いし、水気をきる。手でちぎって一口大にする。
4　ユズのしぼり汁大さじ1と材料Aを混ぜ合わせ、たれをつくる。
5　**1**のジャガイモと**3**のハーブ、**2**のユズ皮を軽く混ぜて器に盛り、**4**のた
れをかける。

じゃがいもとトマトのマスタード仕立て

トマト、ミョウガを取り合わせ、
ピリッとしたマスタード風味のたれで。
さっぱり感＆味の変化があって食べ飽きません。

材料（2人分）

ジャガイモ（男爵）　1個
トマト（中）　1個
ミョウガ　1個
A　マスタード　大さじ1
　　酢　大さじ1
　　醤油　大さじ1/2
　　砂糖　大さじ1
　　ショウガ（すりおろし）　大さじ1
ゴマ油　大さじ2

1　ジャガイモを丸ごと30分間蒸した後、皮付きのまま縦4等分のくし形に切る。180℃の油で素揚げし、油をきる。
2　トマトは皮を湯むきして、4等分のくし形に切る。ミョウガは細切りにする。
3　材料Aを混ぜ合わせてたれをつくる。
4　**1**、**2**を器に盛り、**3**のたれをかける。仕上げに熱く熱したゴマ油をジュッとかける。軽く混ぜて食べてもらう。

じゃがいもとビーフジャーキーの
スパイスフライドポテト

ポテトフライ ── 美虎 五十嵐美幸

ビーフジャーキーでポテトフライ
の旨みをアップ。
スパイシーさでお酒が進む、
大人のフライドポテト。

材料
ジャガイモ　1個
ビーフジャーキー　10g
ワケギ　2本
太白ゴマ油　大さじ2
ミックススパイス
A｜ 塩　小さじ1
　　クミンシード　適量
　　カレー粉　小さじ1
　　一味唐辛子　小さじ1
　　パプリカパウダー　小さじ1
　　鶏ガラスープ（顆粒）　小さじ1/2
香菜（パクチー／手でちぎる）　適量
フライドガーリック　適量

1　ジャガイモは皮付きのまま太めの
棒状に切る。180℃の油で素揚げして
油をきる。
2　ワケギを5cm長さに切る。
3　フライパンに太白ゴマ油を引き、
細切りにしたビーフジャーキーを炒め
る。香りが出てきたら火を止め、少し
温度が下がってから材料Aを入れてよ
く混ぜ合わせる。
＊温度が高いうちにAを入れると焦げてしまうの
で注意する。

4　**3**に**1**と**2**を加え、焦がさないよう
軽く炒める。仕上げに香菜とフライド
ガーリックを加え混ぜる。

ジャガイモは「蒸し＋揚げ」の合わせ技。
表面はカリッと香ばしく、芯はさっぱりしているので、
濃厚な味わいのソースがよく合う！

材料（2人分）
ジャガイモ　2個
ビーフジャーキー　15g
サラダ油　大さじ1
A ┌ クリームチーズ　100g
　│ 卵黄　1個分
　│ 生クリーム　大さじ2
　│ ヤンニン（韓国味噌）　大さじ1
　│ 醤油　小さじ1
　└ 塩　小さじ1
ラー油　大さじ1
パプリカパウダー　少量

1　ジャガイモを皮付きのまま蒸し器で蒸す（竹串がスッと入るまで）。
2　**1**を4等分する。全体がカリッとするように素揚げする。網に上げ、油をきっておく。
3　ビーフジャーキーを細切りにしてサラダ油で軽く炒める。
4　ボウルに材料Aを合わせてよく混ぜ、**2**と**3**を入れてからめる。
5　器に盛り、好みでラー油、パプリカパウダーをふりかける。

コロッケ

じゃがいものハーブコロッケ

生ハーブを混ぜたパン粉の衣が
香ばしい！
ワインによく合う味わい。

材料（約12個分）

ジャガイモ（男爵）　500g
バター　30g
卵黄　2個分
塩　適量
薄力粉、卵　各適量
香草パン粉　適量
> パン粉
> ディル
> イタリアンパセリ
> チャービル

プチトマト
マスタードソース
> 粒マスタード　大さじ1
> フォン・ド・ヴォー　大さじ1

1　ジャガイモの皮をむいて乱切りに
し、塩ゆでする。鍋の湯をきって火に
かけ、水分をとばして粉吹きいもに
する。

2　**1**をボウルに入れてつぶし、バター
と卵黄、塩を加えて混ぜる。50gを1
個分として丸め、両手の間で行き来さ
せて空気を抜く。少しつぶして形を整
える。

3　香草パン粉：パン粉にハーブの粗
みじん切りを混ぜ合わせる。

4　**3**に薄力粉、とき卵、香草パン粉
を順につけ、160℃の油で揚げる。

5　油をきり、器に盛る。ハーブ類、プ
チトマト、マスタードソース（材料を
混ぜ合わせる）を添える。

アンチョビ入りポテトコロッケ

コロッケ ─ レ・ストゥディ ホセ・バラオナ・ビニェス

アンチョビとケイパーの旨み、塩気がポテトを引き立てます。
食欲をそそる！お酒がすすむ！

材料（ミニサイズ6個分）
ゆでたジャガイモ　120g
アンチョビ（フィレ）　3枚
グリーンオリーブ　3～4個
酢漬けケイパー（小粒）　8個
イタリアンパセリ（みじん切り）　小さじ1/2
薄力粉、卵、パン粉（細挽き）　各適量
塩　適量

1　ゆでたジャガイモをフォークの背などでざっくりとつぶす。
2　アンチョビ、オリーブ、ケイパーを細かくきざんで**1**に加える。イタリアンパセリも加える。塩気を確認し、必要に応じて塩で味をととのえる。
3　**2**を1個20gほどに丸め、上下を軽く押さえて扁平にする。薄力粉、とき卵、パン粉の順につけて、揚げる。

基本のポテトコロッケの具に、
グリーンオリーブ、春菊、梨などを加えて。

材料（約20個分）
ジャガイモ（メークイン）　正味500g
春菊（炒めたもの）　50g
シイタケ　小8枚
梨　75g
グリーンオリーブ　5個
牛挽き肉　150g
小麦粉、卵、パン粉　各適量
塩、コショウ、サラダ油　各適量

1　ジャガイモを皮付きのまま蒸す。
2　春菊をサラダ油で炒めて、粗くきざむ。シイタケを炒めてみじん切りにする。梨を5㎜角に、グリーンオリーブはみじん切りにする。
3　牛挽き肉をサラダ油でさっと炒める。
4　**1**のジャガイモの皮をむいてボウルにとり、粗くつぶして塩、コショウをする。**2**と**3**を加え混ぜる。1個40gにまとめ、小麦粉、とき卵、パン粉の順につけて、油で揚げる。

スモークサーモンと白菜のコロッケ／さんまとなすのコロッケ

コロッケ ― オトワレストラン 音羽和紀

具材の組み合わせいかんで、
ポテトコロッケのバリエーションは無限大。ほんの一例を紹介。

材料
共通のベース（約20個分）
ジャガイモ（メークイン）　正味500g
小麦粉、卵、パン粉、塩、コショウ　各適量

具材A）
スモークサーモンと白菜（約20個分）
スモークサーモン　175g
マッシュルーム　150g
生クリーム　75g
白菜　75g
バター、サラダ油　各適量

1 ジャガイモを蒸して皮をむく。粗くつぶし、塩、コショウをする。
2 スモークサーモンは5mm角に切る。マッシュルームは薄切りにしてバターで炒め、生クリームを加えて軽く煮る。白菜はきざんでサラダ油で炒める。すべてを**1**に加え混ぜる。
3 1個40gにまとめ、小麦粉、とき卵、パン粉の順につけ、油で揚げる。

具材B）
さんまとなす（約20個分）
サンマ（焼いたもの）　150g
ナス（素揚げしたもの）　150g
松の実（ローストしたもの）　適量
アンチョビ（フィレ）　5枚
マヨネーズ　50g

1 ジャガイモを蒸して皮をむく。粗くつぶす。
2 **1**に焼いたサンマの身、揚げナス、松の実、きざんだアンチョビを加え、塩、コショウで味をととのえる。マヨネーズを加え混ぜる。
3 1個40gにまとめ、小麦粉、とき卵、パン粉の順につけ、油で揚げる。

ジャガイモとサルシッチャ（イタリア風ソーセージ）を
具にした、イタリア版のポテトコロッケ。

じゃがいものポルペッティーニ

材料（5個分）
ジャガイモ（メークイン）　500g
小麦粉（イタリア00粉*）　適量
卵　1個分
パン粉（ミキサーで細かくする）　適量
サルシッチャ生地　100g
塩、コショウ　各適量
ソース
  ジャガイモの裏漉し　50g
  マスカルポーネ　50g

サルシッチャ生地
豚挽き肉　1kg
ローズマリー（みじん切り）　8g
ニンニク（みじん切り）　1/2かけ分
オレンジの皮（すりおろし）　1/2個分
黒コショウ　10g
塩　14g

＊または強力粉と薄力粉を半々に混ぜて使用。

1　サルシッチャ生地：材料を混ぜ合
わせてよく練る。
2　ジャガイモは皮付きのままゆでて
皮をむき、裏漉しする。サルシッチャ
生地を加えて混ぜ、塩、コショウで味
をととのえて適当な大きさの俵形に成
形する。
3　2に小麦粉、とき卵、パン粉の順
にまぶしつけ、180℃の油で揚げる。
4　ソース：ジャガイモの裏漉し（皮
付きのままゆでて皮をむき、裏漉した
もの）が温かいうちにマスカルポーネ
を混ぜる。
5　4のソースを皿に流し、揚げたて
のコロッケを盛る。

春きゃべつと桜えびのコロッケ

コロッケ ── 旬菜 おぐら家　堀内 誠

おかきの柿の種をパン粉がわりに使った、香ばしいコロッケ。
ベースのいもは季節によって
新ジャガやナガイモ、サトイモでも。

材料
新ジャガイモ　2個
春キャベツ　1枚
サクラエビ（生）　50g
太白ゴマ油、こいくち醤油、日本酒　各適量
薄力粉、卵　各適量
柿の種（フードプロセッサーで挽く）　適量

1　新ジャガイモを水からゆでる。やらかくなったら皮をむいてボウルに入れ、すりこ木で粗くつぶす。
2　春キャベツをざく切りして、太白ゴマ油で炒める。
3　**1**に**2**とサクラエビを合わせ混ぜ、こいくち醤油と日本酒で調味する。
4　**3**を小判形にまとめる。薄力粉をまぶし、とき卵にくぐらせ、砕いた柿の種をまぶして、170℃の油で揚げる。

芋煮は鍋一杯に仕込んでこそ
おいしいもの。
最後に残った、煮くずれたもの
は丸めて揚げてコロッケに。

材料
芋煮の残り（2日目以降のもの）　300g
強力粉、卵、パン粉　各適量

1　芋煮の水気をきり、粗くつぶして
一口大にまとめる。
2　1に強力粉、とき卵、パン粉を順
につけ、180℃の油で揚げる。
3　油をきる。皿に盛り、好みでクレ
ソンを添える。

芋煮

材料
サトイモ　10個
A｜こんにゃく　1/2枚
　｜ニンジン　1/2本
　｜ゴボウ　1/2本
　｜長ネギ　1/2本
牛バラ肉の薄切り　160g
だし　600ml
醤油、日本酒、砂糖　各大さじ2
塩、コショウ　各適量

1　サトイモの皮をむき、一口大に切
る。材料Aをそれぞれ小さめに切る。
2　鍋にサトイモとゴボウ、かぶる程
度のだしを注ぎ、少量の（分量中か
ら）醤油と日本酒を加えて火にかけ
る。途中でこんにゃく、ニンジンを入
れ、野菜がやわらかくなるまで煮る。
3　サトイモに火が通ったら、塩、コ
ショウをふった牛肉を加え、残り分量
の調味料で味をととのえる。仕上げに
長ネギを加えて軽く煮る。

あ
さ
り
と
舞
茸
の
コ
ロ
ッ
ケ

コ
ロ
ッ
ケ
　
焼
貝
あ
こ
や
　
延
田
然
圭

たねのベースはエビイモ。ねっとりとした味わいに、
アサリとキノコの旨み、歯ごたえを加えて。

材料（2人分）

エビイモ　100g	ソース
マイタケ　20g	┌ マイタケ　1/2株
アサリの身（火入れしたもの）　10g	│ マスカルポーネ　適量
塩、コショウ、サラダ油　各少量	└ 醤油、みりん、砂糖　各適量
さきイカ（みじん切り）　少量	芽キャベツ
小麦粉、卵、パン粉　各適量	

1　エビイモの皮をむいて蒸し、裏漉してペースト状にする。

2　マイタケとアサリをそれぞれみじん切りにする。軽く塩、コショウをし
てサラダ油で炒める。

3　さきイカをみじん切りにしてパン粉に混ぜる。

4　**1**と**2**を混ぜ合わせ、適度な大きさに丸める。小麦粉、とき卵、**3**のパン
粉の順につけ、油で揚げる。

5　ソース：マイタケを適宜に切り分けて鍋に入れ、醤油、みりん、砂糖を
加えて甘辛く炊く。汁気をきり、細かくきざんだマスカルポーネを混ぜる。

6　皿に**5**のソースを敷いて揚げたてのコロッケを盛る。いろどりに青味（芽
キャベツ）を添える。

バカラオ（タラの塩漬け）とジャガイモの生地でつくる、
ふわふわコロッケ。
スペイン、カタルーニャ地方の名物料理。

材料（約40個分）

ジャガイモ（メークイン）　150g
バカラオ*（ほぐし身／または甘塩のタラ）
　200g
ニンニク（芯を除く）　1かけ

A｜イタリアンパセリ
　（みじん切り）　小さじ1/2
　卵黄　2個分
　小麦粉　20〜30g
　塩、コショウ　各適量

卵白　2個分

＊スペインまたはポルトガル産の塩漬けダラ（冷凍）を
使用。

1　バカラオをたっぷりの水に浸けてもどす（完全にもどり、かつ適度に塩
気が残っている状態まで。味見すること）。

＊甘塩ダラを使う場合は、皮と骨を取り除く。

2　ジャガイモの皮をむいて適当に切り、ニンニクとともに水からゆでる。

＊甘塩ダラを使う場合はジャガイモに串がスッと通るようになったらタラを入れ、30秒ほど加熱する。

3　**2**の水をきり、ボウルに移して粗くつぶす。**1**と材料Aを加え混ぜる。

4　別のボウルに卵白を泡立て（角がたつまで）、**3**に加える。泡がつぶれな
いようゴムべらでさっくりと混ぜる。

5　**4**を少量ずつすくい、160〜170℃に熱した油に落とし、揚げる。

＊揚げる前に少量を試し揚げして、油に落としてきれいな丸になればOK。丸くならない場合はメレ
ンゲを足し、形にならずに散ってしまう場合は小麦粉を足す。

魚の内臓コロッケ

コロッケ ── クリスチアノ　佐藤幸二

店で使う産地直送の魚は、内臓も新鮮。これを使って
ポルトガル伝統のバカリャウ（塩ダラ）のコロッケをアレンジ。

材料（約15個分）
魚（カワハギなど）の内臓　180g
ジャガイモ　180g
卵　2個
パン粉（細挽き）　40g
塩、E.V.オリーブ油　各適量
レモン
パセリ

1　魚の内臓に薄く塩をふり、E.V.オリーブ油をひいたフライパンで両面を
焼く。
2　ジャガイモをゆでて皮をむく。
3　**1**、**2**、卵、パン粉を合わせてフードプロセッサーにかけ、塩で味をととのえる。団子状にまとめる。180℃の油で揚げる。
4　器に盛り、カットレモンとパセリを添える。

たけのこコロッケ

タケノコの皮にたねを詰めて揚げた、季節感あふれるコロッケ。もちろん、たねにはタケノコがたっぷり。

材料（2人分）
小ぶりのタケノコ　1/2本
ジャガイモ　2個
塩、コショウ　各適量
小麦粉、卵、パン粉　各適量
ソース（以下比率）
　┌ ウスターソース：1
　│ だし：1
　└ 木の芽　適量

1 タケノコをゆで、サイコロ状に切る。
2 ジャガイモを蒸して裏漉しする。
3 2に1を混ぜて塩、コショウで味をつける。この生地をタケノコの皮で包み、生地の面に小麦粉、卵、パン粉をつけて油で揚げる。
5 紙を敷いた器に盛り、ソース（ウスターソースとだしを合わせ、木の芽を散らす）の小皿を添える。

春の苦みが印象的。
たねはナガイモがベースで、
芯に山椒味噌を詰めた、
お酒のすすむコロッケ。

材料（10個分）
フキノトウ　10個
コロッケのたね　200g
山椒味噌*　適量
薄力粉、卵、生パン粉**　各適量

＊桜味噌1kg、ゆでた実ザンショウ200g、砂糖
100gを鍋に合わせ、弱火にかけて木べらで20分間
練ったもの。
＊＊生パン粉をミキサーにかけ、さらに2回ふる
いにかけたもの。

1　フキノトウのツボミをはずし、細か
くきざむ。水でさらしてアクを抜く。
ガクは取り置く。
2　**1**をコロッケの種に混ぜ合わせる。
20gずつ取り分け、中心に山椒味噌を
少量詰めて丸める。薄力粉、とき卵、
パン粉の順につけ、周りにフキノトウ
のガクを貼りつけて、160℃の油で
じっくりと揚げる（高温にするとガク
がはがれてしまう）。

コロッケのたね
鶏挽き肉　500g
白絞油　適量
日本酒、醤油　各15ml
ナガイモ（すりおろす）　2本
玉ネギ（みじん切り）　2個
卵　2個
片栗粉　適量

1　鶏挽き肉を白絞油で炒め、日本酒
と醤油を加えて炒り、そぼろにする。
2　ナガイモのすりおろしを鍋に入れ
て加熱し、火を通す。
3　**2**のナガイモに玉ネギ、**1**、卵、つ
なぎの片栗粉を加えよく混ぜる。

ふきのとうコロッケ

コロッケ ── 旬菜 おぐら家　堀内誠

コロッケ ── 日本料理 龍吟　山本征治

粉カツオに埋もれた おからのひとくちコロッケ

たっぷりの粉ガツオをまぶして食べる、おからコロッケ。
写真は、粉の山にたくさんのコロッケを埋めるパーティー用のプレゼンテーション。

材料

おから　500g
鶏もも肉　150g
青ネギ　100g
サラダ油　適量
ニンジン　1/2本
シイタケ　8個
ユリネ　1/2個
A「日本酒　100ml
　　砂糖　大さじ3
　　みりん、こいくち醤油、
　　　うすくち醤油　各75ml
小麦粉、卵、バゲットパン粉*　各適量
オリーブ油（揚げ油）
粉カツオ

＊バゲットの皮を乾燥させて粉状に挽いたもの。

1　鶏もも肉を細かくきざみ、同量のサラダ油とともにフードプロセッサーにかける。
2　青ネギを少量のサラダ油とともにフードプロセッサーにかけ、ピュレ状にする。
3　ニンジンとシイタケをごく細かいみじん切りにする。ユリネは蒸してから5mm角に切る。
4　鍋にサラダ油を引き、**2**を弱火で炒める。香りが出たら火を強め、ニンジン、**1**、シイタケの順に入れて炒め、おからを加える。材料Aで調味し、最後にユリネを合わせる。冷ます。
5　**4**を直径2cmのボール状に丸め、小麦粉、とき卵、パン粉の順につけて、180℃に熱したオリーブ油で揚げる。
6　ふるった粉カツオをたっぷりと用意し、**5**を埋めて提供する。

ジャガイモベースのスパイシーなたねを衣揚げにした、インド式コロッケ。
ひよこ豆の粉でつくる衣はほのかに甘く、たねの辛みとホクホク感を引き立てます。

材料

ジャガイモ　700g
サラダ油　大さじ3
マスタードシード　小さじ1/2
サラダ油　大さじ3
玉ネギ（みじん切り）　1/2個
黒粒コショウ（粗く砕く）　小さじ1
ショウガ（みじん切り）　2かけ
青唐辛子（みじん切り）　4本
パウダースパイス
　クミン　小さじ1
　カイエンヌペッパー　小さじ1/2
　ターメリック　小さじ1/2
　ヒン*　小さじ1/3
塩　小さじ1
ボンダの衣
　ヒヨコ豆の粉　80g
　ターメリック　小さじ1/2
　ベーキングパウダー　小さじ1/4
　塩　2つまみ
　水　100ml

＊セリ科の植物の根茎からとれる液を乾燥させたスパイス。強烈な臭いをもつが、加熱すると香ばしさに変化し、ごく少量で料理にコクと旨みをもたらす。

ボンダ（インド風コロッケ）

コロッケ ── ナイルレストラン　ナイル善己

1　ジャガイモを一口大に切り、ゆでる。水気をきる。
2　フライパンにサラダ油とマスタードシードを入れて火にかけ、パチパチとはじけたら蓋をする。おさまったら玉ネギ、黒コショウを入れ、しんなりするまで炒める。ショウガ、青唐辛子、パウダースパイス、塩を順に加えてさらに炒める。
3　2に1のジャガイモを加え、ざっくりとつぶしながら混ぜる。味見して塩気や辛さをととのえる。
4　衣の材料（水以外）を混ぜ合わせ、水を少しずつ加えて混ぜる。
　＊衣がやわらかいと揚げる際にはがれてしまうので、様子を見ながら水を加える。
5　3を好みの大きさに丸め、4をまんべんなくつける。中温の油で揚げる（転がしながら）。

イベリコハムのコロッケ

スペインで「クロケタ（コロッケ）」といえば、ポテトコロッケではなく、ベシャメルベースのクリームコロッケがスタンダード。バルのおつまみの最定番のひとつです。

材料（30 ～ 35個分）

イベリコハム（赤身の多い部分）　90g	
玉ネギ　100g	
バター　15g	
オリーブ油　15g	

A ┌ 小麦粉　30g
　├ コーンスターチ　20g
　├ 牛乳　500ml
　├ 卵黄　1/2個分
　└ 塩、コショウ　各適量

小麦粉、卵、パン粉（細挽き）
各適量

1　イベリコハムをみじん切りにする。

2　フライパンにバターとオリーブ油を引いて、玉ネギのみじん切りを約20分かけて弱火で炒める。

3　ボウルに材料Aと**1**のハム40gを合わせ、**2**に加える。木べらで混ぜながら、鍋肌からはがれるようになるまで中火で加熱する。残りのハム50gを加え、塩で味をととのえる。

4　**3**をバットに流し（表面にラップフィルムを密着させる）、氷水にあてて冷ます。

5　**4**の生地を15gずつ丸め、小麦粉、とき卵、パン粉の順につけて170℃の油で揚げる。

へしこのクリームコロッケ

コロッケ ── ゆき椿　市川鉄平

へしこはサバなどの青魚のぬか漬け。
塩味が強いのでベシャメルには味をつけず、
最後に味見をして必要なら塩を補います。

材料
サバのへしこ　1枚（半身）
オリーブ油　適量
牛乳　500ml
だし　500ml
バター　150g
薄力粉　150g
薄力粉、卵、生パン粉　各適量
塩　適量

1　へしこを水洗いして骨を抜き、5mm角に切る。オリーブ油をひいた鍋で炒め、火が通ったら牛乳、だしを入れ、沸騰させない火加減で約10分間煮る。味をみて、足りなければ塩を加える。
2　別鍋にバターを溶かし、薄力粉を入れて炒める。サラサラしてきたら**1**を入れ、木べらで混ぜながら加熱する。コロッケがまとまる程度まで濃度がついたら火からおろし、粗熱をとる。
3　**2**を俵型にまとめ、薄力粉、とき卵、生パン粉の順につけ、150〜160℃の油で揚げる。

桜えびクリームコロッケ

カリっとした香ばしさの中から、
口中いっぱいにサクラエビの香
りが広がります。

材料

桜エビ　500g
玉ネギ　1/2個
バター　100g
薄力粉（ふるう）　100g
牛乳　1L
塩、コショウ　各適量
薄力粉、卵、パン粉　各適量

1　玉ネギをみじん切りにして、バター
で妙める。ふるった薄力粉を加え、焦
げないようにかき混ぜながら、よく炒
める。粉気がなくなったら牛乳を少し
ずつ加え混ぜて加熱し、火を止める。
2　桜エビのヒゲを取り除く。
3　**2**の半量を**1**に加えてフードプロ
セッサーにかける。ボウルにとり、残
りの桜エビを加え混ぜる。味をみて、
塩、コショウで味をととのえる。
4　**3**を約30gずつとって丸め、薄力
粉、とき卵、パン粉の順につけて、油
で揚げる。
5　油をきり、皿に盛る。青唐の素揚げ
を添える。

メイン具材をカニに変えるなど、アレンジしだいで自在に季節感が出せます。
クリームが中から出てこないよう「衣は2度づけ」に。

材料

ベシャメルソース
- 無塩バター　80g
- 強力粉　80g
- 牛乳　700ml
- 塩、白コショウ

ホタテ貝柱（角切り）　6個
ホタテ缶詰　250g
玉ネギ（粗みじん切り）　1個
ダイコン（粗みじん切り）　250g
マッシュルーム（5mmの薄切り）　110g
ダイコン（またはカブ）の葉　60g
無塩バター　適量
薄力粉、卵、パン粉　各適量

1　ベシャメルソース：強力粉をバターで炒め（木ベラで混ぜながら）、粉がサラサラになったら冷たい牛乳を加え、混ぜながらほどよく煮詰める。塩、白コショウで味をととのえる。
2　玉ネギ、ホタテ貝柱、ホタテ缶詰（汁ごと）を鍋に入れて煮詰める。これを**1**と合わせてよく混ぜる。
3　ダイコン、マッシュルームをバターでよく炒め、**2**に加えて混ぜる。塩、コショウで味をととのえる。バットに移し、ラップフィルムを密着させて冷蔵庫で冷やす。
4　**2**にダイコンの葉を混ぜて俵形に丸める。薄力粉、とき卵、パン粉の順につける。再度卵にくぐらせてパン粉をつけ、170℃の油で揚げる。

コロッケ

ほたて貝と大根の
クリームコロッケ

おわん　近藤邦篤

コロッケ ── ゆき椿　市川鉄平

はまぐりと春きゃべつの クリームコロッケ

ハマグリ風味のホワイトソースを詰めたクリームコロッケ。ハマグリのだしが主役なので、しっかりと蒸し煮にして旨みを抽出します。

材料

ハマグリ（殻付き）　1kg
日本酒　600ml
キャベツ　1/2個
ハマグリの蒸し汁＋牛乳　計500ml
塩、黒コショウ　各適量
無塩バター　150g
薄力粉　150g
薄力粉、卵、生パン粉　各適量

1　ハマグリを鍋に入れ、日本酒をたっぷり注いで蓋をして、弱火で約20分間かけて蒸し煮にする。身を取り出して5㎜角に切る。蒸し汁は取り置く。
2　キャベツをくし形に切って蒸し器で蒸し、1㎝角に切り揃える。
3　**1**の蒸し汁と牛乳を合わせて火にかけ、沸騰寸前で塩、黒コショウを加え、火を止める。
4　**1**のハマグリの身と**2**のキャベツをバターで炒める。薄力粉をふり入れ、混ぜながら粉気がなくなるまで炒める。
5　**4**に温かい**3**を加え、木べらで混ぜながら加熱して、とろりとしたホワイトソースに仕上げる。密封容器に移し、冷蔵庫で冷やす。
6　ハマグリの殻に**4**を山盛りに詰める。薄力粉、とき卵、生パン粉の順につけ、170℃の油で揚げる。中まで温まって衣がサクッと揚がったら引き上げる。

材料

スパゲッティーニ　500g

A ┌ ペコリーノ（すりおろし）　10g
　├ パルミジャーノ（すりおろし）　30g
　└ コショウ　適量

サルシッチャ（イタリア風ソーセージ）
　200g

乾燥ポルチーニ　20g

グリーンピース　300g

ベシャメルソース　牛乳2L分

トマトのピュレ*
　┌ ホールトマト　500g
　├ 塩　5g
　├ E.V.オリーブ油　20ml
　└ パン粉　適量

モッツァレッラ　150g

卵白　2個分

B ┌ 水　50ml
　├ 小麦粉　50g
　└ 塩　1つまみ

*ホールトマトを裏漉しし、その他の材料を加え
混ぜる。

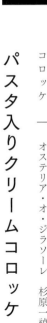

パスタ入りクリームコロッケ

コロッケ ── オステリア・オ・ジラソーレ　杉原一禎

ナポリの惣菜店で定番の、パスタ入りコロッケ。
メレンゲベースの衣を重ねづけして揚げます。
現地にはパン粉の衣バージョンもあります。

1　スパゲッティーニを約5cmの長さに切る。アルデンテより少しかために
ゆで、水気をきって、材料Aとあえる。

2　サルシッチャを炒め、もどしたポルチーニとグリーンピースを加える。

3　ベシャメルソースをつくり（解説省略）、裏漉しする。1と2を加える。

4　バットにラップフィルムを敷き、3の半量を流して平たくならす。トマ
トのピュレをぬり、一口大に切ったモッツァレッラを散らす。3の残り半量
を流し、ラップフィルムをかけて冷凍する。

5　卵白を攪拌し、しっかりとしたメレンゲを立てる。

6　ボウルに材料Bを合わせ、5を加えてさっくりと混ぜる。

7　4を食べやすい大きさに切り分け、6の衣を2度づけして、中温の油で揚
げる。

なすのポルペッタ

ポルペッタとは肉団子のことで、これはナス団子のパン粉揚げ。
つまり、ナスのコロッケです。たねにイワシを入れても美味で、
その場合は軽く塩で締めたイワシを生ナスの半量ほど加えます。

材料

長ナス　700g
かたくなったパン（白い部分）　150g
パルミジャーノ　50g
ペコリーノ　20g
A ┌ 黒オリーブ（種を抜く）　10粒
　├ ニンニク（みじん切り）　1かけ
　├ イタリアンパセリ（みじん切り）　適量
　├ 卵　1個
　└ 卵黄　2個分
卵、パン粉　各適量

1 ナスを縦4等分に切り、塩ゆでする。水気をきって包丁でざくざくきざむ。

2 **1**をボウルに入れ、水に浸して絞ったパン、すりおろしたパルミジャーノ、ペコリーノ、材料Aを加えてよく混ぜる。

3 **2**の生地をピンポン玉ほどの大きさに分け、丸める。とき卵にくぐらせ、パン粉をつけて、やや平たくする。

4 フライパンに揚げ油を用意し、高温で**3**を揚げ焼きにする。

たっぷり入ったミントの香りが
風味のポイント。
ナスはあらかじめオーブンで焼き、
水分を抜いてから揚げます。

材料
ナス　3〜5本
ミント（きざむ）　適量
ペコリーノ（すりおろす）　適量
塩、コショウ　各適量
パン粉（細挽き）　卵　各適量
ラディッキオ・タルティーボ
ルーコラ・セルバティカ
バルサミコ

1　ナスの皮をむき、170℃のオーブン
で20分間焼く。その間、色づかない
ように適宜面を変える。
2　**1**を細かくきざみ、ミント、ペコリー
ノ、塩、コショウを加え混ぜる。直径
5㎝のメダル型に成形して、冷凍する。
3　凍った**2**にパン粉をつけて、とき
卵にくぐらせ、再度パン粉をつけて
170℃の油で揚げる。
4　皿にラディッキオとルーコラを盛
り、**3**を盛る。バルサミコをかける。

コロッケ　――　リオス・ボングスタイオ　渡部竜太郎

なすとペコリーノのクロケッテ

ブラザートのポルペッテ

煮込み料理の余りを翌日別の料理にリメイクするイタリアの習慣にならい、ピエモンテの名物料理、ブラザート（牛肉の赤ワイン煮）をコロッケに。
味のしみた肉と、カリカリの衣が、好相性。

材料

ブラザート
 牛のブリスケ*　2kg
 ソフリット**　100g
 赤ワイン　500ml
 ブロード（だし）　500ml
 塩、胡椒　各適量
キャベツ、ホウレンソウ、バター　各適量
卵、パン粉、小麦粉　各適量
オリーブ油（揚げ油）

＊滋賀県産木下牛のブリスケ（前バラ）を使用。
＊＊角切りにした玉ネギ、ニンジン、セロリ、少量のニンニクとともにオリーブ油でじっくりと炒め煮にしたもの。

1　ブラザート：牛のブリスケを適宜の大きさに切る。塩、コショウをふり、オリーブ油を熱した鍋で炒める。ソフリットを加えてなじませ、赤ワインを加えて半量程度になるまで煮詰める。これにブロードを加えて、牛肉の繊維がほぐれて柔らかくなるまで煮る。
2　キャベツとホウレン草を適宜の大きさに切り、軽く塩ゆでする。水気をきる。
3　フライパンにバターを熱し、**2**を入れ、水分がとんで鍋肌がほんのり色づくまで炒める。
4　**1**の牛肉と**3**の野菜をそれぞれミンサーにかけ、混ぜ合わせる。
5　**4**にとき卵とパン粉を加えて混ぜ合わせ、やや厚めのメダル形に成形する。小麦粉とパン粉をまぶして180℃の油で揚げる。

トマト味のリゾットに衣をつけて揚げたコロッケ。
芯に入れたモッツァレッラがとろりと溶け出します。
リゾット用に仕込んだ米料理をそのまま使用する方法で。

材料

リゾット（ベース）　250g
水　100ml
トマトソース　150ml
塩、コショウ　各適量
パルミジャーノ（すりおろし）　40g
バター　30g
バジリコの葉　4〜5枚
モッツァレッラ　約1/2個
強力粉、卵、パン粉（細目）　各適量

1　リゾット（ベース）：玉ネギをバター、オリーブ油とともに弱火にかけ、転がしながら加熱。油が少し色づいたら米を入れ、まんべんなく油とからめる。強火にして水を加え、沸騰したら蓋をして180℃のオーブンに入れて水分がなくなるまで約7分間加熱する。バットなどに広げて、手早く冷まし、冷蔵庫で保管する。

2　鍋に**1**のリゾットと水を鍋に入れ、火にかけて混ぜる。塩、コショウ、トマトソースを加え混ぜ、さらにパルミジャーノ、バターを加える。ちぎったバジリコの葉を加える。

3　すぐにバットに移して広げ、一気に冷ます。

4　冷めたら少量ずつとり、芯にちぎったモッツァレッラを詰めて丸める。強力粉、卵、パン粉の順につけて約160℃の油に入れて、転がしながら揚げる。

リゾット（ベース）

> 玉ネギ（くし形切り）　1/4個
> オリーブ油　30ml
> バター　30g
> 米　1kg
> 水　適量

スープリ（お米のコロッケ）

コロッケ　ラ・ベットラ　落合務

3種のアランチーニ（お米のコロッケ）

イタリア風お米のコロッケを、「アマトリチャーナ」
「カーチョ・エ・ペペ」「イカスミ」風味にバリエーション展開。

材料

ベース
- 玉ネギ（みじん切り）　1/4個
- 米（イタリア産カルナローリ米）　300g
- ブロード（だし）、オリーブ油　各適量

アマトリチャーナ
- グアンチャーレ（薄切り）　30g
- 玉ネギ（みじん切り）　1/4個
- 白ワイン、ニンニク、トマト　各適量
- 卵　1/3個分

カーチョ・エ・ペペ
- ブロード　適量
- ペコリーノ（すりおろす）　20g
- コショウ　適量
- 卵　1/3個分

イカスミ
- ブロード　適量
- イカスミ　10g
- イカ　30g
- 卵　1/3個分

パン粉（細挽き）、卵
黒挽きコショウ
グラーナ・パダーノ
トマトソース
ルーコラのサルサ・ヴェルデ*

*ニンニク、ルーコラ、イタリアンパセリの茎、ディル、E.V.オリーブ油をミキサーにかけ、塩と白ワインビネガーで調味したもの。

1　ベース：玉ネギのみじん切りをオリーブ油で炒め、米を加えてさらに炒める。透き通ったらブロードをひたひたに加え、加熱する。水分がなくなったらバットに移して冷ます。玉ねぎを炒める。

2　アマトリチャーナ：グアンチャーレと玉ネギをフライパンで炒める。白ワイン、ニンニク（みじん切り）、トマト（ざく切り）を加えて煮詰める。**1**のベース100gを加えて温め、なじませる。火からおろし、60℃ほどまで冷めたらとき卵を加えて混ぜる。直径3cmほどのボール状に丸めて冷凍する。

3　カーチョ・エ・ペペ：鍋に**1**のベース100gを入れ、適量のブロードでのばして温める。火からおろし、60℃ほどまで冷めたら、ペコリーノ、コショウ、とき卵を加えて混ぜる。ボール状に丸めて冷凍する。

4　イカスミ：鍋に**1**のベース、イカスミ、小さくきざんだイカ、ブロードを入れ、ひと煮立ちさせる。火からおろし、60℃ほどまで冷めたらとき卵を加えて混ぜる。ボール状に丸めて冷凍する。

5　仕上げ：それぞれのアランチーニにパン粉、とき卵を順につけ、再度パン粉をまぶして160℃の油で3〜5分間揚げる。

6　「アマトリチャーナ」にはトマトソース（解説省略）、「カーチョ・エ・ペペ」には黒挽きコショウとグラーナ・パダーノのすりおろし、「イカスミ」にはルーコラのサルサ・ヴェルデ（解説省略）を添える。

ベトナム語で「ネム ハイサン（海鮮の春巻き）」。
カニのマヨネーズあえをライスペーパーで包み、
コロッケと同じ衣をつけて揚げた、ハノイ生まれの一品。

材料（8本）

カニ（ほぐし身）　100g
赤玉ネギ　100g
香菜（パクチー）　30g
マヨネーズ*　60g
黒コショウ　少量
四角いライスペーパー　8枚
薄力粉、卵、生パン粉　各適量
ニンニクマヨネーズ
┌ ニンニクのすりおろし　1/2かけ分
│ マヨネーズ　約70g
└ レモン汁　小さじ1

＊酸味が強くなく、風味のマイルドなものがよい。

1　赤玉ネギを薄切りする（繊維を断ち切る方向に）。香菜を長さ1cmに切る。

2　カニ、**1**、マヨネーズ、黒コショウを混ぜる。

3　**2**を水でもどしたライスペーパーで巻く。薄力粉、とき卵、パン粉の順につけて、約170℃の油でキツネ色になるまで揚げる。

4　ニンニクマヨネーズ（材料を混ぜ合わせる）を添える。

春巻き

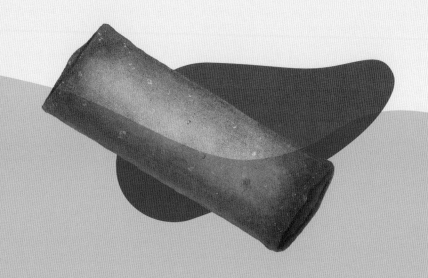

春巻き

水溶き片栗粉でとじた具を包んだ、基本の春巻き。
皮で具を包む際にあまりきつく巻きすぎないこと、
低温からゆっくりと揚げることが、パリッと仕上げるコツ。

材料（10本分）

具材
- 豚ばら肉（スライス）　80g
- キャベツ　150g
- タケノコの水煮　40g
- 干しシイタケ（もどす）　2枚
- 長ネギ（細め）　1/2本
- 春雨（乾燥／もどす）　10g

A
- 塩、コショウ　各適量
- 酒（紹興酒または日本酒）　小さじ1
- 片栗粉　大さじ1

B
- 鶏ガラスープ　240ml
- 上白糖　小さじ2
- 酒（紹興酒または日本酒）　小さじ2
- 醤油　大さじ1⅓
- コショウ　少量
- オイスターソース　小さじ1/3

水溶き片栗粉　大さじ2½
ゴマ油　小さじ1/2
春巻きの皮　10枚
水溶き小麦粉（薄力粉5：水4）　適量

1 豚肉とキャベツ（長さ5cmに切る）を6〜7mm幅に切る。タケノコ、シイタケ、長ネギは長さ5cmの細切りにする。春雨も長さ5cmに切る。

2 豚肉をボウルに入れ、材料Aを加え混ぜる。

3 2を鍋に入れて炒め、8割がた火が通ったら春雨以外の具材を加えて軽く炒める。最後に春雨と材料Bを加えて軽く煮る。

4 材料がしんなりしたら火を止め、水溶き片栗粉を加えて再び火にかけ、強めにとろみをつける。香りづけのゴマ油を加えて混ぜ、バットなどに取り出して冷ましておく。

5 4を60gずつ春巻きの皮にのせて包む*。皮の端に水溶き小麦粉をつけて、しっかりと留める。

＊皮の中央手前に具を置いて手前の皮をかぶせ、向こう側に1回転させてしっかりと形を整える。両端の皮を折り畳み、再度向こう側に転がして（ふわっと）巻く。

6 低温（春巻きを入れても泡が立たない程度）の揚げ油に入れて揚げはじめ、キツネ色になるまでゆっくりと揚げる。

春の具材でつくる春巻き。
ナノハナ、ウド、フキノトウは大きめにカット。
調味料の分量はやや控えめにして、季節の味や食感を素直に引き立たせています。

材料（10本分）

春雨　30g
ベーコン（細切り）　40g
A　ナノハナ（半分に切る）　1/3束
　　ウド（4〜5㎝幅の拍子木切り）
　　　1/3本
　　フキノトウ（ほぐす）　3〜4個
　　春キャベツ（2㎝幅に切る）　50g
　　新玉ネギ（1㎝幅に切る）　50g
B　塩　小さじ1
　　醤油　大さじ2
　　オイスターソース　大さじ1
　　鶏ガラスープ　250ml
水溶き片栗粉　大さじ3〜4
水溶き小麦粉（薄力粉1：水1）　適量
春巻きの皮　10枚
サラダ油（炒め用）適量
白絞油（揚げ油）　適量
カシューナッツの飴がけ（砕く）　適量

春巻き ── 慈華　田村亮介

春の春巻き

1　春雨を水でもどし、ゆでる。6〜7㎝に切る。

2　ベーコンを強火で炒め、Aの野菜を加えてさらに炒めて香りを引き出す。材料Bと**1**を加える。沸騰したら中火にして3〜4分間程度煮て、水溶き片栗粉を加えてとろみをつける。バットに移して風をあてるか、氷水をあてて急冷する（色止めのため）。

3　春巻の皮で**2**の餡を包む。水溶き小麦粉で端を留め、140℃程度の白絞油で、温度を上げながら5〜6分間揚げる。

＊野菜が多めの具は水分が多く、揚げると破裂しやすいので、低温から揚げて徐々に温度を上げていく。

4　油をきる。器にカシューナッツの飴がけを敷き、春巻きを盛る。

やわらか鶏ももと栗の春巻き

中国の伝統料理の「鶏もも肉と栗の煮込み」を春巻きにアレンジ。鶏と栗の味を素直に生かしたいので、具材にとろみをつけない仕上げ方で。

材料（8本分）

鶏もも肉　2枚
A 毛湯スープ*　400ml
　 醤油膏（台湾とろみ醤油）**　10g
　 紹興酒　10g
　 濃口醤油　20g
　 三温糖　20g
栗の甘露煮***　8粒
春巻きの皮　8枚
栗のチップス

＊鶏ガラ、丸鶏、豚足、香味野菜でとった中華スープ。麺類、煮込みなど料理全般に使う。
＊＊ない場合はこいくち醤油＋砂糖少量で代用。
＊＊＊自家製の栗の甘露煮：水500ml、桂花陳酒130ml、塩小さじ1/2、桂花醤15ml、氷砂糖230gを火にかけて煮溶かし、鬼皮と渋皮をむいた栗20粒を入れて30分間弱火で煮る。煮汁に2日間浸けたのちに使う。

1　鶏もも肉の筋を切り、水からゆでてアクを除く。バットに移す。
2　材料Aを鍋に入れて沸騰させ、1のバットに注ぐ。これをセイロで30分間蒸す。取り出し後、半日そのまま煮汁に浸けて味をなじませる。
3　栗の甘露煮を各粒2～3等分に切る。2の鶏もも肉を4cmの棒状に切る。
4　春巻きの皮で肉3～4切れと栗1粒分を巻き、150℃の油で黄金色に揚げる。
5　3の煮汁を鍋で半分量まで煮詰めてソースとする。皿に春巻きを盛り、ソースを添える。栗チップス（生栗のスライスを100℃からゆっくり温度を上げながら素揚げしたもの）を散らす。

シャコ春巻き

極細切りにして油で揚げた春巻き
の皮を、シャコのまわりに貼りつ
けた、簡単春巻き。

材料（20本分）
春巻きの皮　10枚
シャコ（ゆでて殻から取り出したもの）
　20本
A｜ショウガの甘酢漬け　20g
　｜ラッキョウ　30g
　｜ミョウガ　10g
　｜ショウガ　10g
B｜醤油　20g
　｜酢　40g
　｜芝麻醤（ジーマージャン）　20g

1　春巻きの皮を極細切りにして、160℃
の油で香ばしく揚げる。
2　材料Aをすべて細切りにする。
3　シャコをゆでて、殻から取り出し、
ボウルに入れる。
4　**3**に**2**と材料Bを加えてあえる。
5　**4**のシャコの表面全体に、**1**をやさ
しくまぶしつける。

鶏春巻き

高菜漬けがアクセントとなった、
鶏挽き肉の春巻き。
スライスチーズを巻き込んだの
がミソで、一口かじるとパリパ
リの皮からチーズがとろり。

材料（4本分）
鶏挽き肉　200g
高菜漬け　15g
タカノツメ　適量
春巻きの皮　4枚
スライスチーズ　4枚
バジルの葉　4枚分
水溶き小麦粉（薄力粉1：水1）　少量

1　高菜漬けはみじん切りに、タカノ
ツメは輪切りにする。
2　鍋に油を引き、鶏挽き肉、**1**を入
れて炒める。粗熱を取っておく。
3　春巻きの皮を広げてスライスチー
ズをのせる。中央よりやや手前に**2**と
バジルをのせる。手前から巻き、右、
左と折りたたみ、さらに巻いて、水溶
き小麦粉で留める。
4　**3**を揚げる。油が100℃くらいのと
きに入れ、徐々に温度を上げて、15分
ほどで170℃に達するようにする。

＊このように揚げると、時間がたってもパリパリ
感が損なわれない。

ジャガイモがたっぷり詰まった
食べごたえのある春巻き。
ジャガイモに火を通しすぎない
ことがポイント。

材料（4本分）
ジャガイモ（メークイン）　1個
キヌサヤ　30g
春巻きの皮　4枚
バジルの葉　4枚
A｜　黒コショウ　少量
　｜　鶏ガラスープ（顆粒）　小さじ1
　｜　ゴマ油　大さじ1/2
水溶き小麦粉（薄力粉1：水1）　少量

1　ジャガイモの皮をむき、斜め薄切りにしてから細切りにする。沸騰した湯でさっと（約10秒）ゆでて、流水にさらす。
2　キヌサヤはさっとゆでて、斜め細切りにする。
3　**1**、**2**、材料Aを混ぜる。
4　春巻きの皮を広げ、**3**とバジル1枚をのせて巻く（しっかりとひと巻きしてから左右の皮を折りたたみ、巻き上げる。巻き終わりの皮の角を、水溶き小麦粉で留める。
5　180℃に熱した油に**4**を入れ、2〜3分間揚げる。

春巻き　——　美虎　五十嵐美幸

じゃがいもと絹さやの春巻き

71

ポテトサラダの春巻き

皮はパリパリで、中はしっとり。
ポテトサラダを具にした、
簡単でおいしい組み合わせ。

材料（2人分）
ジャガイモ　2個
A｜生クリーム　大さじ2
　｜塩　小さじ1
　｜マヨネーズ　大さじ2
　｜黒コショウ　少量
　｜砂糖　小さじ1
春巻きの皮　4枚
生ハム　4枚
クレソン　4本
水溶き小麦粉（薄力粉1：水1）　少量
白ネギ
空芯菜のスプラウト
一味唐辛子

1　ジャガイモを丸ごと蒸す。熱いうちに皮をむき、スプーンなどでつぶす。
2　ボウルに材料Aを入れて混ぜ合わせ、**1**を加えてあえる。
3　春巻の皮の対角線上、中央よりやや手前に生ハム1枚、クレソン1本を置き、**2**をのせる。手前の皮をかぶせて向こう側に巻き、左右の皮を折り込み、閉じしろに水溶き小麦粉をぬってくるりと巻き、端を留める。
＊具材は詰めすぎると揚げている間にパンクするので注意。

4　約100℃の揚げ油に入れ、15分ほどかけて徐々に170℃になるまで加熱して、からりと揚げる。
5　半分に切り、器に盛る。白ネギの薄切り、空芯菜のスプラウトをのせ、一味唐辛子をふる。

さつまいもの春巻き

春巻き —— 料理屋 こだま 小玉 勉

さつまいもに黒糖をまぶして、春巻きに。
ナチュラルでおいしい、甘いおつまみ。

材料
サツマイモ　大1本（約500g）
黒砂糖（粉末）　適量
春巻きの皮　4枚
水溶き小麦粉　適量

1　サツマイモを600Wの電子レンジ
に8分間かけ、皮をむく。半分の長さ
に切り、縦4等分する（1本約15cmの
棒状）。黒砂糖をまぶす。
2　春巻きの皮を広げ、端に**1**を2本、
互い違いに重ねておき、巻き込む。水
溶き小麦粉で端を留める。
3　160℃の油に入れ、キツネ色にな
るまで2～3分間揚げる。
4　食べやすく切り分けて、器に盛る。

貝の肝の春巻き

タイラ貝の肝と干した貝柱を、から煎りした豆鼓と
干しエビで味つけした、おつまみ春巻き。

材料（10個分）

タイラ貝の肝（ゆでたもの）　6個分
豚挽き肉　300g
豆鼓　10g
干しエビ　10g
キャベツ　1/2個
万能ネギ　1束
ニンニク（みじん切り）　3かけ分
塩、コショウ、ゴマ油　各適量
春巻きの皮　適量

たれ
　ラー油　適量
　干し貝柱（水に浸けてもどし、
　みじん切り）　適量
　酢　適量
　醤油　適量
白髪ネギ*
グリーンアスパラガス（ゆでる）

*長ネギを細切りにして水にさらし、水気を
きったもの。

1　豆鼓と干しエビを合わせてフライパンで乾煎りし、水分がなくなったら
包丁で細かく叩く。
2　キャベツと万能ネギはみじん切りにし、塩をふってなじませ、出てきた
水分を絞っておく。
3　ボウルに豚挽き肉、タイラ貝の肝、**2**、ニンニク、**1**を入れて合わせ、塩、
コショウ、ゴマ油で味をととのえる。
4　春巻きの皮に**3**をのせて、通常の要領で巻く。油で揚げる。
5　**4**を食べやすく切って器に盛り、白髪ネギとグリーンアスパラガス、た
れ（材料を合わせる）を添える。

さば燻製とじゃがいもの揚げ春巻き

春巻き ─ わたなべ 渡邊大将

燻製の香りが鼻をくすぐる揚げ
春巻き。
塩サバの旨み、塩気、スモーク
香がジャガイモと好相性。

材料
塩サバ　2尾
桜チップ、ザラメ糖（燻製用）　各適量
ジャガイモ　5～6個
塩、牛乳　各適量
大葉
春巻きの皮

1　塩サバの骨を取り除き、皮をむく。
2　中華鍋にアルミホイルを敷き、桜のチップとザラメ糖を少量入れる。その上に網をかけ、塩サバをのせてボウルなどで蓋をする。コンロの強火で加熱し、煙が立ってきたら弱火～中火に落として6～7分間燻す。取り出して冷まし、身をほぐす。
3　ジャガイモを皮つきのまま蒸し器で蒸す。皮をむいてざっくりとつぶす。塩少量を加え、牛乳で好みのかたさにのばす。
4　春巻きの皮に**3**のジャガイモ、**1**の塩サバ、大葉を1枚のせて巻く。180℃の油で揚げる。

豆腐と根菜類の煮込みを、春巻きに。
おつまみにも、おかずにもなる一品。

材料（8本分）

木綿豆腐　1丁	三つ葉　3本
春巻きの皮　5枚	サラダ油　大さじ1
ゴボウ　50g	塩　適量
ニンジン　30g	水溶き小麦粉　適量
シイタケ　2枚	スダチ

A ┌ だし　100ml
　├ 砂糖　大さじ1
　└ 醤油　大さじ1

1　豆腐をペーパータオルで包んで1時間おき、水切りをする。

2　ゴボウをささがきに、ニンジンをせん切りに、シイタケを薄切りにする。

3　鍋にサラダ油を引き、**2**と塩少量を入れて炒める。しんなりしたら、**1**をちぎりながら加えて炒め合わせる。材料Aを加えて煮汁がなくなるまで炒め、ざく切りにした三つ葉を加えて混ぜ合わせる。

4　**3**をバットに広げて、冷ます。

5　春巻きの皮に**4**を適量のせて巻き、水溶き小麦粉を端にぬって留める。170℃の油で3～4分間揚げる。

6　器に盛り、スダチと塩を添える。

ベトナム風揚げ春巻き

春巻き —— マイマイ　足立由美子

小さく巻くのはベトナム南部のスタイル。たっぷりのハーブととも
に葉野菜にくるみ、甘酸っぱいタレをつけて食べます。

材料（20本分）

キクラゲ（乾燥）　5g
緑豆春雨（乾燥）　10g
A│豚挽き肉　200g
　│カニ（ほぐし身）　100g
　│玉ネギ（みじん切り）　40g
　│ニンニク（みじん切り）　2かけ分
　│卵　1/2個分
　│グラニュー糖　小さじ1/2
　│塩　小さじ1/4
　│黒コショウ　小さじ2

丸いライスペーパー（小）　20枚
サラダ油（揚げ油）　適量
葉野菜とハーブ（サニーレタス、大
葉、香菜、スペアミント）　各適量
ヌックチャム*　適量

*ベトナム風のたれ：グラニュー糖（大さじ3）
を湯（90ml）に溶かし、ヌックマムとレモン汁
（各大さじ2）、ニンニク（1/2かけ）と赤唐辛子
（1/2本）のみじん切りを加えたもの。

1　キクラゲを水に浸してもどし、石突きを取る。緑豆春雨は水に15〜20
分浸してもどす。それぞれ水気をきり、細かくきざむ。

2　ボウルに**1**と材料Aを入れ、ねばり気が出るまでよく混ぜる。

3　水でもどしたライスペーパーで**2**を適量包む。

4　サラダ油をフライパンに高さ2/3ほど注ぎ、**3**をくっつかないように入れ
る。火をつけ、中火でときどき返しながらゆっくり揚げる。ライスペーパー
がかたくなったらいったん取り出し、油を約170℃に熱して2度揚げする。

5　油をきり、葉野菜とハーブとともに皿に盛り、ヌックチャムを添える。

えびの揚げ春巻き、カレー塩

エビとラードを組み合わせて、
パンチのある味わいに。
細巻きにすることでさっくりと
軽く味わえます。
カレー塩が味の引き締め役！

材料（約20本分）
むきエビ　500g
ラード　100g（可能なら、すき焼き用
の牛脂100g＋ラード50g）
砂糖　大さじ1
片栗粉　小さじ2
ゴマ油　小さじ1
塩、コショウ　各適量
ショウガ（細切り）　1かけ
長ネギ（細切り）　1/2本
春巻きの皮　10枚
水溶き片栗粉　適量
カレー塩
　　カレー粉　小さじ1
　　塩　小さじ1

1　エビをぶつ切りして軽く洗い、塩
をふり、再度洗って水気をふき取る。
牛脂はみじん切りにする。
2　ボウルに**1**、ラード（＋牛脂）、塩
を合わせてよく練り、砂糖、コショウ、
片栗粉を加えて混ぜる。香りづけのゴ
マ油をふる。20等分する。
3　春巻きの皮を半分（長方形×2枚）
に切る。長辺の端に、**2**を線状に置き、
ショウガと長ネギをのせ、シガー状に
巻きあげる。端を水溶き片栗粉で留め
る。180℃の油で揚げる。
4　油をきり、器に盛る。カレー塩を
添える。

野菜と豆

そら豆のおかき揚げ

衣は、おかきを砕いたもの。
豆の先端は衣をぬぐい取って揚げ、
緑色がチラッと見えるように仕上げます。

材料

ソラマメ
柿の種（おかき）
片栗粉、卵白
塩

1　ソラマメを塩湯でゆでる。皮をむく。
2　柿の種をフードプロセッサーなどで砕いておく。
3　ときほぐした卵白と片栗粉をボウルに合わせる。
4　**1**に片栗粉をまぶして**3**の衣をつけ、**2**の柿の種パウダーをまぶしつける。
豆の先についた衣を指でぬぐい取り、170℃の油で揚げる。
5　油をきり、塩をふる。

刃叩きしたエビをソラマメで挟んだ、小さな揚げもの。
真っ白なしんびき粉と淡いグリーンの爽やかなコントラストを
生かしたいので、色づけないように、ただしカラリと揚げます。

そら豆のえび挟み 新挽揚げ

野菜 ——

分とく山　野﨑洋光

材料
ソラマメ
エビ
薄力粉
卵白
しんびき粉（もち粉）
塩

1　エビの殻と背ワタを取る。細かく
きざみ、さらに包丁の腹で叩きつぶし
て粘りを引き出す。
2　ソラマメはサヤから取り出して皮
をむく。半分に割り、内側にハケで薄
力粉をまぶし、**1**を挟む。
3　**2**の表面に薄力粉をまぶし、布漉
しした卵白にくぐらせてしんびき粉を
まぶし、160℃の油で揚げる。色づけ
ないように注意して、カリッと仕上げ、
油をきる。
4　塩をふる。

野菜 ― 虎白　小泉瑚佑慈

じゃがいもとそら豆の
パン粉揚げ

ジャガイモの白とソラマメのうぐいす色が混ざった淡い色合いを生かしたいので、揚げすぎに注意。

材料（4人分）
ジャガイモ　60g
ソラマメ　60g
塩　適量
薄力粉、卵、パン粉　各適量

1　ジャガイモを蒸して皮をむき、ヘラなどでなめらかになるまでつぶす。
2　ソラマメをサヤから出して蒸し、薄皮をむく。**1**と同様につぶす。
3　**1**と**2**を混ぜ合わせ、塩を少量加える。
4　小さいボール状に丸め、ハケで薄力粉をつける。竹串に刺してとき卵、パン粉の順につけ、串を抜いて170℃の油で、色よく揚げる。
＊竹串を使うとパン粉づけがスムーズにできる。
5　器に盛り、塩を添える。

ズッキーニの花に詰めものをした
揚げもの。
花の香りと色合いがはなやか。
詰めものは自由にアレンジでき
ます。

材料（1人分）
花ズッキーニ　2本
モッツァレッラ　60g
アンチョビ（フィレ）　1枚
強力粉　適量
ビール衣
　┌　強力粉　100g
　│　ビール　180ml
　└　塩　少量
レモン、ラディッキオ

1　ビール衣：強力粉に塩少量を加え、
ビールを加え混ぜる。30分間ねかせ
る。
＊生地は均一になめらかになればよい。混ぜすぎ
ると粘りが出てカラリと揚がりにくくなる。

2　モッツァレッラをフォークなどでつ
ぶす。
3　アンチョビをナイフの腹などです
りつぶし、**2**に加え混ぜる。
4　花ズッキーニの実に切り目を1本
入れる（火の通りをよくするため）。花
を開き、めしべをピンセットなどで取
り除く。ここに**3**を詰め、花びらで覆
う。先端をつまんでしっかり閉じる。
5　花びら部分に薄く強力粉をまぶし
て、**1**の衣をつけ、180℃の油で（と
きおり裏返しながらまんべんなくキツ
ネ色になるまで）揚げる。

野菜　―　ラ・ベットラ　落合務

花ズッキーニのフライ

野菜 ― 日本料理 晴山 山本晴彦

アスパラガスの海苔揚げ

味を含ませたアスパラガスの干し海苔まぶし揚げ。

ナマコのような黒い棒のまま盛れば見た目がユニーク。

カットすれば緑と黒のコントラストが映えます。

材料

アスパラガス
だし地（だし、うすくち醤油、塩、みりん）
卵白、片栗粉
小麦粉
干し海苔*
塩

＊梳いていない、バラバラのままのもの。

1 アスパラガスの皮をむく。塩湯でゆで、ザルにあげる。これをだし地に浸ける。

2 といた卵白と片栗粉を合わせる。

3 **1**にハケで小麦粉をまぶし、**2**の衣にくぐらせる。干し海苔を入れたボウルに移し、ゆり動かして全体にまぶしつける。海苔が焦げないよう160〜170℃のやや低温の油で揚げる。

4 油をきり、塩をふって器に盛る。

辛みの少ない出始めの谷中ショ
ウガを小さな揚げものに。
カニしんじょうのふくよかな味わ
いと、ショウガのみずみずしさ
を一口で。

材料
谷中ショウガ　3本
カニしんじょう　60g
片栗粉　適量

1　谷中ショウガの皮を薄くむき、水
に約3分間浸けてアクを抜く。水気を
ふき取る。
2　**1**にカニしんじょうを巻きつけ、片
栗粉をまぶす。170℃の油で、ショウ
ガにも軽く火が入るまでゆっくりと揚
げる。
＊加熱しすぎると風味が飛んでしまうので注意。

カニしんじょう

材料
白身魚のすり身　500g
玉ネギ　2個
玉子の素＊　少量
カニ身　200g

＊卵黄とサラダ油を乳化させたもの。

1　玉ネギを水にさらしてアクを抜
く。絞って水気をきる。
2　すり鉢に魚のすり身を入れてよく
すり、玉子の素、**1**を入れて混ぜる。
最後にカニ身を加え、さっくりと混ぜ
る。

野菜 ─ 旬菜 おぐら家　堀内 誠

谷中生姜の蟹しんじょう揚げ

野菜 — キッチンセロ 岩倉久恵

フライドグリーントマト

未熟トマトの「揚げ焼き」。
青トマトのフルーティーさとサク
サクの食感がクセになります。

材料
未熟トマト（できれば青トマト）　1個
塩、コショウ　各適量
コーングリッツ*　適量
ベーコン　適量
オリーブ油　適量
パセリ

＊粗挽きのトウモロコシ粉。なければパン粉でも。

1　トマトを1cm幅で横にカットする。
両面に塩、コショウを少量ふり、コー
ングリッツをまぶす。
2　フライパンに多めのオリーブ油と
ベーコンを入れてゆっくりと火を通し、
油に香りが移ったらベーコンを取り出
す。すぐに**1**を入れ、両面がカリッと
するまで焼く。
3　油をよくきって皿に盛る。塩とき
ざんだパセリをふる。

ズッキーニのフリットだけでもおいしいけれど、パプリカを一緒に揚げると甘みとかすかなジューシーさが加わって、さらに美味。これぞ組み合わせの妙！

ズッキーニとパプリカの棒切りフリット

野菜 ── オステリア・オ・ジラソーレ　杉原一禎

材料
ズッキーニ
パプリカ（赤、黄）
小麦粉
塩、コショウ

1　ズッキーニを長さ6〜7㎝にカットし、中心の白い部分をよけて、約5㎜角の棒に切る。

＊白い部分は油を吸いすぎるので除く。どの棒も、皮と白い部分が均等になるようにする。

2　パプリカを縦半分に切って、ヘタ、種、スジを除き、5㎜幅に棒切りする。

3　**1**と**2**に小麦粉をたっぷりとまぶし、余分をはたき落とす。揚げる直前に少し霧を吹きかけ、再度粉をまぶして衣を厚くする。

＊霧を吹きつけて粉を二度づけすると厚い衣になり、香ばしく、口当たりよく仕上がる。

4　中高温の油で揚げ、カラッと仕上げる。油をきり、塩、コショウをふる。

ハラペーニョの クリームチーズ揚げ

メキシコを代表する青唐辛子、
ハラペーニョをフライに。
サクッときて、ジュワッ。中から
クリームチーズが飛び出します。
さぞかし辛そう？──いえいえ、
香ばしさとチーズの酸味が相
まって、思いのほかマイルド。

材料

ハラペーニョ（水煮/メキシコ製）
クリームチーズ
衣

> 小麦粉　大さじ2
> 卵白　1個分
> 水　適量

1　ハラペーニョに縦に切り込みを入
れ、種を取り除く。切り込みからクリ
ームチーズを詰める。

2　衣の材料をボウルに合わせる。

3　**1**を**2**にくぐらせて、200℃の油で
カラッと揚げる。

＊ハラペーニョの水煮はそのままでも食べられる
ので、衣がカラッと揚がればよい。

青唐のえび射込み揚げ

野菜 ─ 分とく山　野﨑洋光

シシトウの風味に、刃叩きした
エビの甘みやぷりっとした食感が
よく合います。
エビにプラスアルファの具材を
混ぜても。

材料
シシトウ
エビ
うすくち醤油
薄力粉
天ぷら衣
　┌ 薄力粉　100g
　│ 水　200ml
　└ 卵黄　1個分
塩

1　シシトウのヘタを取り除き、包丁
で縦に切り目を入れる。
2　エビの殻と背ワタを取り除き、塩
水で洗って水気をふく。包丁できざん
で軽く刃叩きし、うすくち醤油で味を
つける。
3　**1**の内側に薄力粉をまぶして**2**を詰
める。全体に薄力粉をまぶして天ぷら衣
（材料を合わせる）にくぐらせ、170℃
の油で揚げる。
4　油をきり、塩をふる。

枝豆ととうもろこしの塩昆布揚げ

エダマメとトウモロコシをまとめた夏らしいかき揚げ。
塩昆布の塩気、旨み、触感がアクセントに。
衣はつなぎとしてごく少量まぶすだけなので、
揚げる際は粒がばらけないよう注意。

材料

エダマメ
トウモロコシ
小麦粉
塩昆布
衣（小麦粉、水）
白絞油（揚げ油）

1　エダマメに塩をまぶし、熱湯に落としてゆでる。薄皮をむく。

2　トウモロコシの芯から粒を切り出す。

3　1と2をごく少量の小麦粉で打ち粉をし、塩昆布を混ぜ合わせる。

4　小麦粉を水で薄めにといた衣を、3に少量加える。穴杓子ですくい、や
や低温に熱した白絞油にそっと入れる。泡が少なくなり、次第に浮いてくる
ので、すくい取る。油をきる。

とうもろこしの天ぷら

野菜 ─── おわん 近藤邦篤

香ばしさの中から生トウモロコシならではの甘みがはじけます。
ポイントは最小限の衣でできるだけ薄くコーティングすること。

材料
トウモロコシ
薄力粉
天ぷら衣（薄力粉、水、卵黄）
塩

1 トウモロコシの皮をはぎ、手で粒をはずす。

2 といた卵黄に水、薄力粉を合わせ、薄い天ぷら衣をつくる。

3 **1**に薄力粉をまぶし、**2**を少量加えて混ぜる。1粒ずつをコーティングするような感じで。

4 揚げ油を180℃に熱し、**3**をテーブルスプーンですくって一口大にまとめて落とす。1分半〜2分間ほど揚げて取り出し、油をきって塩をふる。

野菜 ── 食堂 とだか 戸髙雄平

揚げとうもろこし

20cmオーバーのロングサイズを
皿にポンと盛る。
シンプルな定番つまみを
屋台の串焼き風にアレンジ。

材料
トウモロコシ　2/3本
小麦粉　50g
水　50g

1　トウモロコシの粒を芯からはずす。
2　**1**に小麦粉をまぶし、水を少しず
つ加えて混ぜる。まとまるようになっ
たら棒状に成形して竹串を刺し、ラッ
プフィルムを巻いて冷蔵庫で冷やす。
3　180℃のサラダ油でカラッと揚げ
る。

ゴーヤのほろ苦さがアクセント
となってトウモロコシの甘さを
引き立てます。
天つゆはムースに。かき揚げの
サクサク感を損なわず、口の中
ですっと溶けてくれます。

材料
トウモロコシ
ゴーヤ
薄力粉
天ぷら衣（薄力粉、卵、水）
塩

1 トウモロコシの粒をばらす。
2 ゴーヤを縦半分に切って種を抜
き、1㎝角に切る。
3 **1**と**2**をボウルに5対1の比率で合
わせ、薄力粉を少量加えてまぶす。こ
れに天ぷら衣（よく冷やしたとき卵に
水、薄力粉を加え混ぜる）を適量加え
てからめ、スプーンなどで丸くすくっ
て150℃の揚げ油に落とし、カリッと
揚げる。
4 器に盛り、切り出した天つゆのムー
スと塩を別に添える。

天つゆのムース
だし　360ml
日本酒　45ml
みりん　45ml
うすくち醤油　45ml
粉ゼラチン　10g

1 粉ゼラチン以外の材料を合わせて
沸かす。火を止めてから粉ゼラチンを
加えて溶かす。
2 **1**をボウルに移し、周りに氷水を
あてて泡立て器で攪拌しながら冷やす
と泡立ちながら固まってくる。密封容
器に移して冷やし固める。

野菜 ── ゆき椿　市川鉄平

とうもろこしと
ゴーヤのかき揚げ

野菜 ― ポルト　仲田高広

とうもろこしのお祭り風

トウモロコシの素揚げに青海苔
をたっぷりとふりかけて。
とにかく香ばしい！
お祭りの縁日の焼きトウモロコシ
のイメージです。

材料
トウモロコシ
マルドン塩
青海苔

1　トウモロコシを縦1/4にカットする。
2　素揚げして（約30秒間）、油をきる。
3　皿に盛り、マルドン塩と青海苔を
ふりかける。

生トウモロコシと車エビのかき揚げ。
軽く焦げ目のついた香ばしさに醤油バターがよく合います。

材料
トウモロコシ　1本
車エビ　5尾
小麦粉　適量
天ぷら衣（薄めのもの）　適量
こいくち醤油、バター　各少量

1　生のトウモロコシの実を切りはずし、粒をばらしておく。
2　車エビの背ワタを取って殻をむき、1㎝幅に切る。
3　1、2をボウルに入れて小麦粉をまぶし、薄めにといた天ぷら衣を加えて
合わせる。適量をすくって熱した油に落とし、カラリと揚げる。
4　油をきる。醤油をかけ、バターをのせて器に盛る。

とうもろこしと車えび

野菜 — 石かわ　石川秀樹

ミョウガに黄身とタラコを抱かせて、天ぷらに。
シャキシャキとした歯ざわりがさわやかな夏の揚げもの。

みょうがの子持ち揚げ

材料

ミョウガ　6個
タラコ　1腹
卵黄　1個分
薄力粉　適量
天ぷら衣
┌ 薄力粉　100g
│ 水　200ml
└ 卵黄　1個分

天つゆ（以下比率）
┌ だし：8
│ うすくち醤油：1
└ みりん：1

1　卵黄をボウルに入れて湯煎にかけ、濃度がつくまで木ベラで混ぜる。薄皮をむいてほぐしたタラコを加え合わせる。

2　ミョウガを縦半分に切り、包丁で切り込みを入れて芯を取り除き、船形にする。へこんだ部分に薄力粉をまぶし、**1**を詰める。

3　**2**の表面全体にハケで薄力粉をまぶし、天ぷら衣にくぐらせて、170℃の油で揚げる（2〜3分間）。

4　油をきり、皿に盛る。別に天つゆ（鍋に材料を合わせて火にかけ、ひと煮たちさせて、火を止める）を添える。塩をふるだけでもよい。

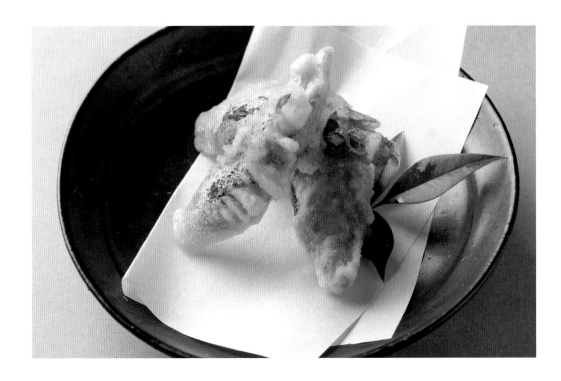

パコラ（南インド風野菜のかき揚げ）

ヒヨコ豆の粉と上新粉でつくる
衣は、外はカリカリで中はふっ
くら。なんとも香ばしい。
青唐辛子の量は好みで調節を。

材料（4人分）
玉ネギ　1個
ショウガ　1かけ
青唐辛子　4本
カレーリーフ　1枝分
塩　小さじ1/2
パコラの衣
- 上新粉　大さじ2
- ベースン（ヒヨコ豆の粉）　50g
- ヒン*　小さじ1/4
- カイエンヌペッパー　1つまみ
- ターメリック　2つまみ
- サラダ油　大さじ1

*セリ科の植物の根茎からとれる液を乾燥させた
スパイス。強烈な臭いをもつが、加熱すると香ば
しさに変化し、ごく少量でも料理にコクと旨みを
もたらす。

1　玉ネギとショウガのせん切り、青
唐辛子の斜め切りをボウルに入れ、カ
レーリーフ、塩を加えて混ぜる。しば
らくおいて水分を出し、しんなりさせ
る。
2　衣の材料をボウルに入れ、箸で
さっくりと混ぜ合わせる。**1**を野菜か
ら出た水分ごと加え、手で混ぜ合わせ
る。
3　適量（手のひらに収まるくらい）
をとって丸め、中温の油でじっくり揚
げる。

スティック状の揚げナスをパルミジャーノであえたサラダ。
ピッツァやパスタの具にしてもおいしい、完成度の高い味わいで、
ポイントはナスの切り方にあり。

野菜 ── オステリア・オ・ジラソーレ　杉原一禎

揚げなすのパルミジャーノ風味

材料
長ナス　3本
塩　適量
パルミジャーノ（すりおろす）　大さじ2
バジリコの葉（粗きざみ）　6〜7枚
塩漬けケイパー（洗う）　14粒
黒オリーブ（種を抜く）　6個

1　長ナスを長さ5cmに筒切りする。断面を上にして置き、芯のフカフカの部分をよけて、外側を3〜4片に切り取る。その各枚を均等にタテに3〜4等分する。

＊残った芯部は使わない。1本1本、皮と白い部分とのバランスが同じになるよう切り揃える。

2　たっぷりの油を熱し、重ならない程度の量の**1**を入れて揚げる。きれいなキツネ色になり、芯までほぼ水分がぬけたら網ですくい、ボウルにとる。

3　すぐに塩とパルミジャーノを軽くふり入れ、バジリコ、ケイパーを加える。粗熱がとれてからさっとあえる。

＊一度にたくさんつくる場合は、何度かに分けて揚げ、そのつど調味料をふりかける。すべての調理と調味が終わり、常温に冷めてから全体を混ぜる。

4　皿に盛り、新しいバジリコの葉と黒オリーブを飾る。

なすと金山寺味噌の挟み揚げ

野菜 ── 料理屋 こだま　小玉勉

そのままでも酒の肴になる金山寺味噌を、ナスで挟んでパン粉揚げに。
どんなお酒にも合います。

材料

ナス
金山寺味噌
卵、小麦粉、パン粉

1　ナスを1.5mm厚さの輪切りにし、ハケで小麦粉を全体にまぶす。
2　とき卵と小麦粉を混ぜてマヨネーズほどのかたさにしておく。
3　**1**のナス2枚で金山寺味噌を挟む。これに**2**をまぶし、パン粉をつけて、160℃の油でキツネ色に揚げる。

かぼちゃ入り揚げトースト

おやつやお茶受けにもなる、
甘いおつまみ。

材料

カボチャ　1/8個（種を除き200g）
塩　2つまみ
コンデンスミルク　大さじ3
サンドイッチ用パン　4枚
片栗粉　適量
水溶き小麦粉
　┌　薄力粉　大さじ2½
　└　水　大さじ2
白ゴマ　適量

1　カボチャの皮をむいて一口大に切り、セイロで蒸す。
2　**1**を裏漉しして塩、コンデンスミルクを加え混ぜ、ペースト状にする。
3　サンドイッチ用のパンを麺棒でのばし、約半分の厚さにする。
4　**3**の片面に片栗粉をまぶして、**2**を（手前側に）一列絞り出し、ロール状に巻いて、端を水溶き小麦粉で留める。ロール両端の空きに**2**を詰めて平らに整え、白ゴマをつける。
5　**4**を中温（160℃）の油で揚げ、キツネ色になったら取り出して油をきる。

カリフラワーのフリット

野菜 ── オステリア・オ・ジラソーレ　杉原一禎

アンチョビ風味のカリフラワーのソテーをフリットに。
香りが凝縮し、テクスチャーはとろけるよう！揚げたてから
少しおいて、香りが落ち着いたところがおいしさのピーク。

材料（2人分）

カリフラワー　中1個
E.V.オリーブ油　60ml
A┌ ニンニク（スライス）　1/2かけ
 │ 赤唐辛子　1/2本
 └ アンチョビ（フィレ）　1½枚

衣（以下重量比率）
┌ 薄力粉：1
│ 卵白：1
│ 水：1
└ 塩　適量

塩、黒コショウ　各適量

1　カリフラワーの房を大まかに分け、塩を加えた湯でさっと下ゆでする。
2　水をきり、房をランダムに切り分ける。適度に大小をつけることで、味の濃淡ができ、食べ飽きしなくなる。
3　E.V.オリーブ油で材料Aをソテーし、香りが出たら**2**を加えて軽く炒め合わせる。味見して、必要なら塩で味をととのえる。
4　衣：ボウルに薄力粉と水を混ぜ、塩ひとつまみと泡立てた卵白を加える。
5　**3**を**4**にくぐらせ、中温でゆっくりと揚げる。
6　仕上げに黒コショウを挽きかける。

百合根雲丹最中

塩ウニ少量をユリネで「つぼみ」
状に包んで、衣揚げ。
ユリネの白さを生かすため、
白扇衣を使います。
ウニの旨みがユリネの甘みを引
き立てます。

材料

ユリネ
塩ウニ
白扇衣
┌ 卵白　1個分
│ 片栗粉　15g
└ 水　適量
薄力粉、片栗粉
塩

1　ユリネの鱗片を1枚ずつていねい
にはずし、水で洗って水気をふく。
2　**1**の内側に薄力粉をハケでつけ、最
中のように2〜3枚で塩ウニを挟む。
3　白扇衣：卵白を8割程度に泡立て、
水で溶いた片栗粉を加える。
4　**2**の表面全体に片栗粉をハケでま
ぶし、**3**にくぐらせて、160℃の油で
揚げる。
5　油をきって塩をふる。

雷こんにゃくの山葵揚げ

最初にこんにゃくをよく炒めるの
がポイント。
甘辛いこんにゃくとワサビのツン
とした辛さがよく合います。

材料

こんにゃく　1枚
サラダ油　適量
日本酒　大さじ3
みりん　大さじ3
醤油　大さじ3
カツオ節　15g
ワサビ衣
　薄力粉　30g
　粉ワサビ*　20g
　炭酸水　適量

＊チューブ入りワサビを使う場合は10gにする。

1　こんにゃくを手で一口大にちぎり、
油を熱したフライパンで表面がチリチ
リとするまで炒める。日本酒、みりん、
醤油を加えて煮詰め、煮汁がほぼなく
なったらカツオ節を加えて煎りつけ
る。冷ましておく。
2　ボウルにワサビ衣の材料を順に入
れて混ぜ合わせる。
3　**1**を**2**にくぐらせて180℃の油で揚
げる。

里いもの含め煮揚げだし

芯まで味を含ませた里いもを
「揚げだし」に。
餡をかけて香ばしく。

材料

サトイモ　30個

A ┌ ベースのだし*　1 L
　│ うすくち醤油　50ml
　│ みりん　50ml
　│ 酒　50ml
　└ 砂糖　少量

片栗粉　適量

餡（以下比率）
　┌ ベースのだし：9
　│ 醤油：1
　│ みりん：1
　│ 砂糖　適量
　└ 吉野葛　適量

万能ネギ、煎り白ゴマ

＊うどんのつゆのベースにしているだし。煮干し、
利尻昆布、ムロ、サバ、メジカ、ソウダガツオ、
カツオ（血合いなし）などを使用。

1　サトイモの皮をむき、少量の米を
入れた水（ともに分量外）に入れて弱
火でゆでる（竹串が通るまで）。ゆで
湯の中でそのまま冷まし、水で洗う。

2　鍋に**1**と材料Aを入れ、沸騰させ
ずに弱火で15 〜 20分間煮る。冷蔵庫
に1日置いて味を含ませる。

3　**2**の水気をふきとり、片栗粉をま
ぶして160 〜 170℃の油で揚げる。

4　餡をつくる。ベースのだしに醤油、
みりん、砂糖を加えて沸かし、水で溶
いた吉野葛を加えてとろみをつける。

5　器に**3**を盛って**4**をかけ、小口切
りの万能ネギと煎り白ゴマを散らす。

長いものもっちり揚げ

根菜 ― キッチンセロ 岩倉久恵

ナガイモを揚げるとモチッとした食感になります。
仕上げにひとふりする醤油と青海苔がアクセントになり、後を引くおいしさ。

材料
ナガイモ
片栗粉
醤油
青海苔

1 ナガイモの皮をむき、長さ5〜6cmに切る。拍子木切りにして、さっと洗ってぬめりを取る。
2 1の水気を除き、片栗粉をまぶして、180℃の油で揚げる（軽く色づく程度に）。
3 2の油をきって、熱いうちにボウルにとる。ボウルのふちから醤油を少量まわしかけ、さっとからめる。皿に盛り、青海苔をかける。

根菜 — 肉うどんの戸上家　戸上雅貴

れんこん天ぷらと鶏の和風レバーペースト

揚げたレンコンをバゲットがわりに。
醤油味のレバーペーストとベストマッチ。

材料

レンコン
天ぷら衣
- 小麦粉
- 卵黄
- 水

1　レンコンを1〜2㎜厚さの輪切りにする。天ぷら衣にくぐらせ、160〜170℃の油で泡が出なくなるまで揚げる。

2　レバーペーストに添えて皿に盛る。

レバーペースト

鶏レバー　1kg
A｜酒　360ml
　｜水　360ml
　｜醤油　100ml
　｜砂糖　60g
玉ネギ　2個
ニンニク　5かけ

1　鶏レバーをぶつ切りにして水に30分間さらして血を抜いてから、水と酒を3対1（ともに分量外）で合わせたものに半日浸ける。

2　**1**を沸騰した湯でさっとゆでる。鍋に入れ、材料A、ざく切りにした玉ネギとニンニクを加えて火にかける。沸いたら弱火にして汁気がなくなるまで煮る。

4　火からおろして熱いうちに裏漉しし、氷水に当てて冷ます。

＊保存する場合は密閉して、3日以内に使いきる。

熱々の揚げまんじゅうの中から、松茸風味の牛ロース肉の炒めがとろり。
蒸しまんじゅうにもできます。

材料（約10〜12個分）

A　砂糖　10g
　　ドライイースト　7g
　　ぬるま湯（40℃）　125ml
B　薄力粉　125g
　　強力粉　125g
　　塩　5g
牛ロース肉　120g
マツタケ　適量
ゼラチン　適量
塩　少量
スダチ

1　パンの皮をつくる。材料Aをボウルに合わせ、約20分間休ませて、イーストを発酵させる。

2　**1**に材料Bを加えてよくこねる。ラップフィルムをかけて30℃ほどのところに1時間置き、発酵させる。

3　牛ロースをみじん切りにして鍋で煎り、出てきた脂を取り除く。塩、水でふやかしたゼラチンを加えて混ぜ、冷ます。

4　**3**にマツタケのみじん切りを加え混ぜ、冷蔵庫で冷やし固める。

5　**4**を1個分ずつ**2**の生地で包み、小さめのボールに丸める。これを油で揚げる。

6　油をきって器に盛り、スダチを添える。

きのこ ── 料理屋 こだま　小玉勉

揚げ松茸まんじゅう

大黒しめじ、モルタデッラ、スパゲッティのスピエディーノ

トラットリア・ビコローレ・ヨコハマ 佐藤護

キノコとモルタデッラ（ハム）を串に見立てた
スパゲッティに刺した「イタリア風串カツ」。

材料（3人分）

大黒シメジ　40g
モルタデッラ　100g
卵　1個
小麦粉（イタリア00粉）*　3g
パン粉　適量
スパゲッティ　3本
レモン

*または強力粉と薄力粉を半々で使用。

サルサ・ヴェルデ

ゆで卵　1個
白ワインビネガー　30ml
オリーブ油　50ml
酢漬けケイパー　小さじ1
アンチョビ（フィレ）　2本
パン粉　30g
イタリアンパセリ　1束
フレンチマスタード　小さじ1
塩、コショウ　各少量

1 大黒シメジ、モルタデッラをそれぞれ2cm角に切り、交互に2個ずつ竹串に刺す。

2 とき卵に小麦粉を加え混ぜる。

3 **1**に**2**の卵液、パン粉を順につけ、180℃の油で揚げる。スパゲッティも素揚げする。

4 竹串を抜き、抜いた後の穴に揚げたスパゲッティを差し込む。

5 皿にサルサ・ヴェルデ（全材料を合わせてミキサーにかける）を敷いて**4**を盛り、レモンを添える。

素揚げしたマイタケに、パン粉の旨み炒めをたっぷりとオン。
香ばしさが鼻をくすぐり、お酒がすすむ！

材料（2人分）

マイタケ　200g

ワケギ　40g（4本）

パン粉　20g

A 塩　小さじ1/4

　 砂糖　小さじ1/3

　 鶏ガラスープの素（顆粒）　小さじ1/3

　 ショウガ（みじん切り）　小さじ1/3

　 ニンニク（みじん切り）　小さじ1/4

　 七味唐辛子　適量

1　マイタケは食べやすい大きさに手で裂き、180℃の油で素揚げする。カリッとしてキツネ色になったら取り出し、油をきる。

2　ワケギは4〜5cm長さに切り、**1**と同様に素揚げする。

3　テフロン加工のフライパンにパン粉と材料Aを入れ、香りが出るよう弱火でキツネ色になるまで炒める。

4　**1**と**2**を器に盛り合わせ、**3**を上からかける。

きのこ ―― 4000 Chinese Restaurant　菰田欣也

舞茸の素揚げ、かりかりパウダーがけ

ベーキングパウダーを入れた衣はサクサクの軽い仕上がり。
中からマイタケの香りがふわりと広がります。

材料（2人分）
マイタケ　100g
片栗粉　適量
衣
　　小麦粉　100g
　　水　120ml
　　ベーキングパウダー　小さじ1/3
塩　1つまみ
粉山椒（国産）　適量

1　マイタケを食べやすい大きさに切る。
2　衣の材料を混ぜ合わせておく。
3　**1**に片栗粉をまぶし、**2**の衣をつけ、180℃の油で揚げる。
4　油をきって器に盛り、山椒塩（塩と粉山椒を混ぜる）を添える。

きのこ、生ハム、セージのサルティンボッカ

きのこ ─ トラットリア・ビコローレ・ヨコハマ　佐藤護

サルティンボッカ（仔牛肉と生ハムの重ね巻き焼き）のアレンジ料理。肉の代わりにキノコを使って衣揚げし、前菜に。

材料（4人分）

キノコ
- ヤナギマツタケ　40g
- エリンギ　1/2本（40g）
- マイタケ　30g

生ハム（極薄のスライス）　4枚
セージ　4枚
卵白　1個分
卵黄　1個分
A
- 小麦粉（イタリア00粉）*　50g
- ビール　25ml
- オリーブ油　10g

レモン
イタリアンパセリ

＊または、強力粉と薄力粉を半々で混ぜて使用。

1　3種のキノコを一口大に切り、1/4量ずつ組み合わせてセージをのせ、生ハムで巻く。

2　卵白を八分立てにする。

3　卵黄はボウルに入れ、材料Aを加えてよく混ぜる。**2**を2回に分けて加え、ゴムベラで泡をつぶさないようにさっくりと混ぜる。ラップフィルムをかけて少し休ませる。

4　**1**に**3**の衣をつけて、180℃の油でしっかりと色づくまで揚げる。

5　器に盛り、レモンとイタリアンパセリを添える。

フキノトウの芯にチーズを詰めて揚げた変わり揚げ。
乳製品が山菜の苦みをまろやかにしてくれます。
仕上げに黄身を散らし、福寿草の花に見立てます。

材料

フキノトウ　5個
プロセスチーズ　25g
卵黄　適量
薄力粉　適量
天ぷら衣*
　　薄力粉　100g
　　卵黄　1個分
　　水　200ml
塩

＊薄衣にしたければ水の分量を増やす。

1　フキノトウの芯の部分を取り除く。プロセスチーズを5gに切り分けてフキノトウに詰め、ガクをかぶせて元の形に整える。
2　卵黄を湯煎にかけ、数本の箸で混ぜながら煎って火を通す。裏漉ししてから、ボウルに敷いた和紙にのせ、再び湯煎にかけて油抜きをする。
3　**1**に薄力粉をまぶし、天ぷら衣（材料を合わせる）をつけて、170℃の油で揚げる。
4　油をきって塩をふる。先端に切り込みを入れ、**2**をふりかける。

たけのこの土佐揚げ

山菜 — 根津 たけもと 竹本勝慶

アク抜きしたタケノコをさっと
醤油にくぐらせて、揚げる。
下味を煮含めずに、タケノコの
素の味と香りを生かします。

材料
タケノコ
米ヌカ
こいくち醤油
片栗粉
糸がきマグロ節（またはカツオ節）
木の芽
塩

1 タケノコの穂先を切り落とし、米
ヌカを1つかみ入れた水でゆでる。そ
のまま冷ましてアクを抜く。
2 1の皮をむき、穂先をくし形に、根
元を一口大に切る。こいくち醤油を少
量たらして味をなじませる。
3 2に片栗粉をまぶし、180℃の油で
揚げる。
4 油をきり、塩をふる。糸がきマグロ
節をまぶして器に盛り、木の芽を散ら
す。

ごぼうの新挽揚げ

ゴボウを叩いて繊維をほぐし、
しんびき粉（もち米粉）をつけ
てカリッと揚げたスナック。
コショウをたっぷりふって、ピ
リ辛仕上げに。

材料
ゴボウ
下味用調味料（以下比率）
[うすくち醤油：5
[日本酒：1
薄力粉、卵白、しんびき粉　各適量
コショウ

1　ゴボウを長さ10cmに切り、4つ割
りにする。すりこ木で軽く叩く。
2　下味用調味料をボウルに合わせ、**1**
を入れてもみ込み、引き上げて汁気を
きる。
3　**2**に薄力粉をハケでまぶし、とい
た卵白にくぐらせてしんびき粉をまぶ
す。170℃の油で揚げる。
4　油をきり、コショウをふる。

麩でつくった"肉そぼろ"を包ん
だアボカドの天ぷら。
新玉ネギのシャキシャキ感を加
えたトマトマヨネーズと。

材料

アボカド
麩のそぼろ

- 麩
- ゴマ油
- だし、みりん、こいくち醤油
- 吉野葛

天ぷら衣（天ぷら粉、水／かために溶
いたもの）
新玉ネギ
トマトピューレ
マヨネーズ（自家製）

1　麩を適当にきざんでゴマ油で炒め
る。適量のだし、みりん、こいくち醤
油を加えて煎り、水で溶いた吉野葛を
加え、"挽き肉のそぼろ"に見立てる。
2　アボカドの種と皮を取り除き、
ラップフィルムで包んで軽く電子レン
ジにかけ、色止めする。
3　**2**をつぶし、**1**を包んでまんじゅう
にする。天ぷら衣をつけて油で揚げる。
4　器に盛る。
5　新玉ネギのみじん切りをトマト
ピューレと自家製マヨネーズ少量であ
え、**4**にかける。

アボカドまんじゅう

くだもの ── 料理屋 こだま　小玉勉

いちじくとカマンベールの おかき揚げ

イチジクとチーズは相性のよい
組み合わせ。
おかき揚げにして香ばしさ＆歯
ごたえのメリハリをつけると、
ますますお酒の進む一品に。

材料
イチジク
カマンベールチーズ
小麦粉
卵白
素焼きのおかき
シナモンパウダー

1　イチジクは皮をむき、4等分のく
し形に切る。カマンベールチーズは1
片10gに切り分ける。
2　イチジクにハケで小麦粉をまぶ
し、チーズをギュッと密着させる。チー
ズにもハケで小麦粉をまぶす。
3　卵白をほぐし、箸でこしをきる。
素焼きのおかきをミキサーで粉にして
おく。
4　**1**を**3**の卵白にくぐらせ、おかきの
粉をまぶして、180℃の油で揚げる。
5　半分に切って器に盛り、シナモン
パウダーをふりかける。

いちじくの変わり揚げ サワー味噌クリーム

くだもの ― 目白 待つ宵 長江良樹

コーンフレーク衣をつけたイチジクは表面がカリカリ、中はとろけるようなやわらかさ。
サワー味噌クリームでグラタン風に仕立て、いっそう香ばしく。

材料

イチジク
サワー味噌クリーム
　┌ サワークリーム
　└ 白玉味噌*
薄力粉、卵白、コーンフレーク
松の実

*白味噌500g、卵黄5個、全卵5個、上白糖150g、日本酒250mlを合わせて弱火で練ったもの。

1　サワー味噌クリーム：同量のサワークリームと白玉味噌を練り混ぜ、絞り袋（または食品用ビニール袋。使用時に角を切る）に入れて冷蔵庫で保管する。

2　イチジクを縦に4等分する。ひとつずつ薄力粉、といた卵白、軽く砕いたコーンフレークを順につけ、180℃の油でさっと揚げる。

3　油をきってアルミホイルの上に並べる。**1**のサワー味噌クリームを絞り出し、松の実をのせて、天火（近火）で表面をあぶる。

栗の渋皮揚げ

渋皮ごとカリっと揚げることで、ホクホクした栗本来の甘さが味わえます。
下処理のアク抜きが肝心！

材料
栗　約1kg
水　適量
重曹　大さじ1
塩　適量

1　栗の鬼皮をむく。渋皮は残す。
2　大きめのボウルに**1**を入れ、ひたひたの水と重曹を入れて一晩おき、アクを抜く。
3　翌日水を替えて、さらに6〜8時間おく（水を替えても水が茶色く濁る場合は、再度重曹を加えた水にさらす）。
4　水気をきった栗を蒸し器で40〜50分間（竹串がすっと通るまで）蒸す。
5　**4**の水気をふき取り、180℃の油で渋皮がカリっとするまで揚げる。
6　器に盛り、塩をふる。

豆腐 ── 分とく山　野﨑洋光

くわいの飛龍頭

豆腐生地にクワイのすりおろしを入れた、具だくさんの飛龍頭。
低温の油から時間をかけて揚げ、最後は高温に。
そのまま食べられるよう、芯まで火を入れて仕上げます。

材料

木綿豆腐　250g	ヤマトイモ　50g
キクラゲ　30g	A 卵　1個
金時ニンジン　20g	薄力粉　大さじ1
だし　適量	砂糖　小さじ2
むきクワイ　100g	うすくち醤油　大さじ1.5
	ボウフウ、紅葉おろし

1　木綿豆腐を晒布で包んで重しをし、水気をしっかりきって裏漉しする。

2　キクラゲを水でもどし、掃除してせん切りにする。金時ニンジンもせん切りにする。ともに熱湯でさっと火を通し、吸い地加減に味をととのえただしで、軽く煮含める。

3　クワイの芽と底を切り落として皮をむき、ミョウバン水（分量外）に10分間程度浸し、水にさらしたのち、蒸し器で約10分間蒸す。裏漉しする。

4　ヤマトイモをすりおろす。

5　**1**をすり鉢ですり、**3**と**4**、材料Aを加えてすり合わせる。最後に水気をきった**2**のキクラゲとニンジンを混ぜる。

6　油をぬった手で**5**を少量とって丸め、130℃の油で約30分間かけて（最後は160℃まで上げる）揚げる。

7　皿に盛り、ボウフウ、紅葉おろしを添える。

豆腐の蒸し揚げぎょうざ

「強力粉＋豆腐」で生地をつくっているので、皮の風味がひと味違う。

一度蒸してから揚げることで、形よく、色よく仕上がります。

材料（4人分）

A ┌ 強力粉　200g
　│ 木綿豆腐　1丁
　└ 塩　1つまみ

B ┌ 豚挽き肉　200g
　│ 長ネギ（みじん切り）　大さじ2
　│ 紹興酒　大さじ1
　│ 片栗粉　小さじ1
　│ 醤油　小さじ1
　│ 塩、砂糖　各2g
　└ コショウ　少量

強力粉　適量

1　ボウルに材料Aを入れ、練り合わせる。生地がまとまったら台に取り出し、さらに練る（水分が多い場合は、適宜打ち粉をする）。丸い塊にしてビニール袋に入れ、常温でしばらくねかせる。

2　別のボウルに材料Bを入れてよく練り合わせる。

3　**1**の生地を棒状にのばし、端から30gずつ切り分ける。ひとつずつ麺棒でのばし、直径8cmの円状の皮にする。

4　皮1枚につき、**2**を20gのせて半分に折り、口を密着させて閉じる。

5　皿に並べて蒸気の立った蒸し器に入れ、強火で約7分間蒸して火を通す。

6　**5**の表面に強力粉をはたきつけ、180℃の油で揚げる

豆腐を揚げてスナックに。
しっかりと揚げてキツネ色の乾い
た感じに仕上げ、潮州風のたれ
につけて食べます。

材料

木綿豆腐　1丁
ニンニク　1かけ
赤唐辛子（生）　1本
A┌ 水　200ml
　├ 塩　小さじ1/2
　├ 砂糖　大さじ3½
　├ 酢　大さじ3
　├ ナンプラー　大さじ1½
　├ 紹興酒　大さじ1
　└ 醤油　小さじ1/2
レモン　1/4個
香菜（パクチー）　1株分

1　たれ：ニンニクをみじん切りに、
生の赤唐辛子を輪切りにする。ボウル
に入れ、材料Aを加えて混ぜる。
2　豆腐を一口大に切り、180℃の油
でゆっくりと揚げる。
＊表面がしっかりと固まり、キツネ色になるまで。
3　油をきり、器に盛る。**1**のたれを小
皿にとり、レモン（皮をむいていちょ
う切り）と香菜のみじん切りを加えて
豆腐に添える。

豆腐　|　KOBAYASHI　小林武志

豆腐の素揚げ

厚揚げのスパイス風味フリット

ポイントは、仕上げのフレークソ
ルトを多めにふりかけること。
軽くおなかにもたまるおつまみで、
材料にはもっちりとした絹厚揚
げを使うのがおすすめです。

材料
厚揚げ　1個（160g）
ミックススパイス　適量
　　ガーリックパウダー　小さじ1/2
　　パプリカパウダー　大さじ1
　　黒コショウ　大さじ1
　　シナモンパウダー　大さじ1
　　クミンパウダー　大さじ1
ニンニク（すりおろし）　少量
玉ネギ（すりおろし）　小さじ1
とき卵　小さじ2
片栗粉　適量
フルール・ド・セル（フランスのフレー
　　クソルト）
ライム

1　ミックススパイス：材料を混ぜ合
わせる。
2　厚揚げを縦4等分の棒状に切る。
ボウルに入れてミックススパイス大さ
じ1をまぶす。ニンニク、玉ネギのす
りおろしを加えてからめる。
3　**2**にとき卵を加えてからめる。片
栗粉をまぶし、180℃の油でカリッと
するまで揚げる。
4　油をきって皿に盛り、フルール・
ド・セルをふりかける。ライムを添え
る。

豆腐 ― 小林武志 KOBAYASHI

揚げ豆腐の辛み煮

豆腐を素揚げして、辛みのきいた濃いめの味の煮汁で煮込みます。
味がよくしみこむよう、豆腐にはあらかじめ切り目を入れて。

材料

木綿豆腐　1丁
ニンニク　1かけ
赤唐辛子（タカノツメ）　10本
サラダ油　大さじ1
A｜鶏ガラスープ 400ml
　｜醤油　大さじ2
　｜中国たまり醤油　小さじ1
　｜紹興酒　小さじ1
　｜砂糖　大さじ1
　｜ラー油　小さじ2

1　豆腐を縦半分に切る。切り離さないように注意しながら、「じゃばら」に
なるよう表と裏に互い違いに切り込みを入れる。

2　180℃に熱した揚げ油に**1**を入れ、玉杓子で油をかけながら、切り目が広
く開くように揚げる。油をしっかりときる。

3　ニンニクの薄切り、タカノツメをサラダ油で炒める。香りが出たら材料
Aを加え、**2**の揚げ豆腐を入れる。弱火で、ときどき豆腐を軽く押したりし
て味を含ませながら煮込み、味がなじんだら器に盛る。

ウラッド豆のワダ（インド風スナック）

ウラッド豆のペーストを揚げた
インドの国民的スナック。
ふわっとした食感が持ち味で、
インドではチャツネやカレーと
一緒に食べるのが定番。

材料（4人分）

ウラッド豆（挽き割り）*　200g

A┌ ウラッド豆　小さじ2
　│ バスマティ米　小さじ2
　│ 黒コショウ粒　小さじ1
　└ 香菜（パクチー）　3本

B┌ 玉ネギ（みじん切り）　1/4個
　│ 青唐辛子（みじん切り）　3本
　│ ショウガ（みじん切り）　1かけ
　│ 香菜（パクチー／粗みじん切り）
　│　　3本分
　└ カレーリーフ（粗みじん切り）
　　　　1枝分

ヒン**　小さじ1/4
塩　小さじ1

＊インドでポピュラーな豆で、アジア食材店やス
パイス店などで取り扱いがある。和名はケツルア
ズキ。モヤシの原料になる。
＊＊左ページ参照。

1　ウラッド豆をさっと洗い、3時間ほ
ど水に浸けてもどす。ザルにあける。

2　フライパンに材料Aを入れて中火
で乾煎りする。ミルで細かく挽く。

3　1をフードプロセッサーにかけて
ペースト状にする。

＊回りづらい場合は、水を少しずつ加える。水分が
多いと揚げる時に生地が散ってしまうので慎重に。

4　3をボウルに移し、ヒン、材料B、
2を加えてへらで混ぜ合わせる。塩で
味をととのえる。

5　水で濡らした手で適量を取り、指
で中心に穴をあける。中温の揚げ油に
静かに入れ、両面をじっくりと揚げる。

＊穴をあけるのは火を通りやすくするため。小さ
めに丸めて揚げてもよい。

チャナ豆（挽き割りのヒヨコ豆）
の揚げスナック。
外はカリカリで、中はほっこり。
ソースはつけずにそのまま食べ
ます。

材料（4人分）

チャナ豆（挽き割りのヒヨコ豆）
　300g
赤唐辛子　4本
A ┌ 玉ネギ（みじん切り）　1/3個
　│ 青唐辛子（みじん切り）　4本
　└ ショウガ（みじん切り）　2かけ
ヒン*　小さじ1/4
カレーリーフ（みじん切り）　1/2枝分
塩　小さじ1

*セリ科の植物の根茎からとれる液を乾燥させた
スパイス。強烈な臭いをもつが、加熱すると香ば
しさに変化し、ごく少量で料理にコクと旨みをも
たらす。

1　チャナ豆を軽く洗い、2時間ほど
水につけてもどす。ザルにあける。
2　**1**の1/3量を取り置き、残りを赤唐
辛子とともにフードプロセッサーにか
け、粗めのペーストにする。

*完全になめらかにすると揚げたときに食感がか
たくなるので、少し粒感が残る程度に。

3　**2**のペーストに材料A、ヒン、カレー
リーフ、取り置いた**1**の豆を加え、よ
く混ぜ合わせる。塩で味をととのえ、
薄い小判型にまとめる。
4　中温の油に静かに入れ、両面をじっ
くり揚げる。

チャナ豆のワダ
（インド風スナック）

乾燥豆 ── ナイルレストラン　ナイル善己

帆立すり身とじゃがいもの湯葉包み揚げ

湯葉と極薄のジャガイモを重ね巻きにした揚げもの。

芯のホタテのしんじょうはふんわり、

湯葉とジャガイモはパリパリ。

材料

刺身用ホタテ貝柱のペースト　80g

うすくち醤油　適量

塩　適量

ジャガイモ　適量

平湯葉　4枚

水溶き小麦粉

1　ホタテ貝柱をフードプロセッサーにかけてペースト状にする。少量のうすくち醤油と塩で味をつける。

2　ジャガイモの皮をむき、かつらむきする。

3　平湯葉を1枚広げ、**2**を並べてすき間なく覆う。ジャガイモの端は（湯葉より少し小さめになるよう）切り落とす。手前側に**1**を棒状に置き、手前から巻いて、湯葉の端を水溶き小麦粉で留める。

4　165 〜 170℃の油で揚げる。

5　油をきり、食べやすい長さに切り分けて、皿に盛る。

魚介

イタリア風の「イカリング」。
ニンニクとパプリカパウダーの香りが食欲をそそります。

材料（2人分）
ヤリイカ　2はい
A ┌ ニンニク（すりおろし）　1かけ分
　├ パプリカパウダー　大さじ2/3
　└ 塩、コショウ　各適量
薄力粉　適量
レモン

1　イカの内臓、目、くちばしを掃除する。胴の皮をむく。水洗いして、輪切りにする。
2　ボウルに**1**と材料Aを入れて混ぜる。
3　**2**に薄力粉をていねいにまぶしつけ、余分な粉をはたき落とす。170〜180℃の油で一気に揚げる。
4　油をきって皿に盛り、レモンを添える。

いかリングの磯辺揚げ

いか ── 開花屋　丹下輝之

オニオンリングとイカリングの重ね揚げ。

衣がはがれないように、下衣、天ぷら衣ともしっかりとつけることがポイント。

材料
ゆでた小ヤリイカ　1はい
玉ネギ　適量
天ぷら衣
　　　天ぷら粉　40g
　　　ベーキングパウダー　小さじ1/5
　　　水　60ml
小麦粉　適量
サツマイモチップス
レモン

1　ゆでた小ヤリイカを輪切りにする。
2　玉ネギを輪切りにする。輪の内側に**1**をひとつ入れて楊枝で留める。小麦粉をまんべんなくまぶし、天ぷら衣（材料を合わせる）をつけて、180℃の油で揚げる。衣が固まったら引き上げ、油をきる。
3　サツマイモのチップスとレモンを添える。

サツマイモチップス
1　スライサーを使ってサツマイモを縦方向にスライスして水に落とす。引き上げて紙に挟み、水気をふき取る。
2　170℃の油で揚げる。紙の上にあげて油をきる。

ひいかのフライ

アンダルシア名物の小イカのフライを現地の屋台風に。
サクッと軽い口当たりで、身はしなやか。
ほどよく塩をきかせ、ぎゅっとレモンを絞って食べます。

材料

ヒイカ
塩
小麦粉
レモン

1　ヒイカを頭と足に分け、内臓と軟骨、クチバシを掃除する。
2　**1**に塩をふり、小麦粉を薄く、まんべんなくまぶしつける。180℃の油で
揚げる。
3　油をきり、塩をふる。レモンを添える。

ほたるいかの薄衣揚げ

いか ── 日本料理 晴山 山本晴彦

浜ゆでのホタルイカの薄衣揚げ。
タラの芽も添えて、軽やかな春の風味に。

材料

ホタルイカ*（浜ゆでのもの）
天ぷら衣（薄め）
タラの芽
塩

*生のホタルイカを使う場合は、揚げるとはじけやすいので注意する。

1　浜ゆでのホタルイカの目、くちばし、軟骨を除く。
2　1を天ぷら衣にくぐらせ、油で揚げる。
3　タラの芽も天ぷら衣をつけて揚げ、ふり塩をする。

小えびのかき揚げ風衣焼き

小さなフライパンを使った
「揚げ焼き」スタイルのかき揚げ。
普通のかき揚げよりも手軽。
ただし油はねに注意。

材料（1枚分）
むきエビ（小）　60g
ジャガイモ　中1個
衣
　水　60ml
　天ぷら粉　40g
　サラダ油　大さじ1
　ベーキングパウダー　小さじ1/5
サラダ油（揚げ焼き用）
塩
パセリ（みじん切り）

1　ジャガイモの皮をむき、さいの目に切る。
2　衣の材料を合わせる。
3　むきエビ（水気をきる）、**1**をボウルに入れ、少量の天ぷら粉（分量外）を加えてまんべんなくまぶしてから、**2**を加えてよく混ぜる。
4直径 20㎝前後のフライパンに1/3の高さまでサラダ油を入れて火にかける。150℃ほどになったらスプーンで**3**をすくい、一面に広げるように落とす。中火で揚げ、固まったら箸でおさえていったん油をきり、フライ返しでかき揚げを裏返し、さらに焼く。
5　焼き面に焦げ目がついたら、その面を上にして器に盛り、塩とパセリを散らす。

えびワンタン

えび ― マルディグラ　和知 徹

刃叩きしたエビをギョウザの皮で挟み揚げ。
相性抜群のナンプラードレッシングで。

材料
むきエビ
長ネギ
塩、コショウ
ギョウザの皮
卵
ナンプラードレッシング
　　ナンプラー　100ml
　　シェリーヴィネガー　200ml
　　オリーブ油　200ml

1　エビの餡をつくる。エビの身を包丁で叩き、長ネギのみじん切りを合わせて、塩、コショウを加える。
2　ギョウザの皮に適量の**1**をのせ、皮のふちにとき卵をつけ、別の1枚の皮をかぶせ、ふちを押さえて閉じる。これを180℃の油で色よく揚げる。
3　油をきり、器に盛る。ナンプラードレッシング（材料を混ぜ合わせる）を添える。

えびのサクサクフリッター

白玉粉入りの衣はサクサクの食感。
つけだれは辛さ・甘み・酸味が調和した中華ソース。

材料（2人分）

エビ（ブラックタイガー）　4尾（100g）
A｜　塩　1つまみ
　｜　片栗粉　小さじ1/2
塩、コショウ、片栗粉　各少量
衣
　｜　白玉粉　大さじ3
　｜　片栗粉　小さじ2
　｜　小麦粉　小さじ2
　｜　水　大さじ3
　｜　ベーキングパウダー　小さじ1/3
　｜　サラダ油　小さじ1/4

ソース
　｜　豆板醤　小さじ1/3
　｜　ケチャップ　大さじ2
　｜　レモン果汁　小さじ1
サラダ
　｜　サラダミックス
　｜　リンゴ酢
　｜　塩

1　エビの殻をむいて材料Aをまぶしつけてもみ込む。水で洗い流し、ペーパータオルで水気をよく取る。背開きにして背ワタを取る。

2　衣の材料をボウルに合わせ、混ぜる。

3　1のエビに適量の塩、コショウで下味をつけ、片栗粉をまぶす。尾をつまんで衣に浸し、160℃に熱した揚げ油に落とす。徐々に温度を上げ、衣がカリッとなったら引き上げて、油をきる。

4　皿に盛り、サラダ（サラダミックスをリンゴ酢、塩であえる）とソース（材料を混ぜる）を添える。

車えびの変わり揚げ

えび ― 虎白　小泉瑚佑慈

衣は、極細のポテトフライ。
シャリシャリの歯ざわりが、エビの
甘みとぷりぷり感を引き立てます。

材料（2人分）
クルマエビ（またはブラックタイガー）
　4尾
ジャガイモ　60g
ビール衣（以下比率）
　┌ ビール：2
　│ 薄力粉：1
　└ コーンスターチ：1
塩　適量

1　ジャガイモの皮をむき、長さ3cmの
極細のせん切りにする。パリパリになる
まで素揚げして（ここではまだ色づけな
い）、よく油をきる。バットの上に広げる。
2　エビの殻をむき、背ワタを竹串で取
る。
3　**2**にビール衣（材料を合わせる）をつ
け、**1**のジャガイモをまぶしつける。170℃
の油で、エビに火が入るまで揚げる。
4　油をきり、食べやすく切り分ける。器
に盛り、塩を添える。

甘えびととろろ昆布のアメリカンドッグ

たねは「きざんだ甘エビ＋白ゴマ＋とろろ昆布」。
ホットケーキミックスの衣をつけて揚げ、アメリカンドッグに。

材料（2人分）
甘エビ　15本
白ゴマ　適量
とろろ昆布　10g
薄力粉　適量
衣
　　[ホットケーキミックス　100g
　　[牛乳　90ml
ソース
　　[ケチャップ　大さじ3
　　[ワサビ（すりおろし）　小さじ1

1　甘エビの殻をむき、粗みじん切りにする。白ゴマを加えて混ぜる。
2　**1**にとろろ昆布をまぶし、一口大に丸めて串に刺す。薄力粉をまぶし、衣（材料を合わせる）にくぐらせて、170℃の油で揚げる。
3　油をきって皿に盛る。ソース（材料を合わせる）を添える。

えび ── 目白 待つ宵 長江良樹

えびしんじょうふわふわ揚げ、えび塩まぶし

やわらかめに調整したエビしんじょうは、揚げてもふんわり。生地にはきざんだエビも入れ、食感よく、色鮮やかに。

材料（約60個分）

エビ（ブラックタイガー）のむき身　500g
白身魚のすり身　500g
昆布だし　100ml
ヤマトイモ　30g
玉子の素（和風マヨネーズ）*
　卵黄　5個
　サラダ油　200ml
薄力粉　適量
だし地（昆布だし、日本酒、塩、うすくち醤油）
えび塩
　乾燥サクラエビ　30g
　焼塩　40g
　グラニュー糖　15g

＊卵黄を泡立て器で混ぜ、サラダ油を少しずつたらしながら攪拌して乳化させたもの。

1　エビのむき身300gを粗みじんに切り、200gをすり身にする。
2　フードプロセッサーにエビのすり身と白身魚のすり身を入れ、昆布だしを（様子をみながら）加えて回す。ヤマトイモ、玉子の素を加えてさらに回す。ボウルに移し、エビの粗みじんを混ぜる。

＊昆布だしの量でかたさを調整する。だしを増やすと軽い仕上がりになる。

3　うすめに味をつけただし地を沸かし、**2**を一口大に丸めて落とし、火を通す。だし地につけたまま冷ます。
4　汁気をきり、薄力粉をまぶして180℃の油で揚げる。
5　油をきって、えび塩（材料をミキサーにかける）をまぶす。器に盛り、海老塩を少量添える。

赤えびのセモリナ粉フリット

えび ― シチリア屋　大下竜一

エビにセモリナ粉をまぶして揚げ焼きに。
サクサクした軽い食感が心地よく、調理も手軽。

材料（2人分）
赤エビ　8尾
セモリナ粉　適量
サラダ油（揚げ焼き用）　適量
塩
イタリアンパセリ（粗みじん切り）
レモン

1　赤エビの殻をむき、背ワタを抜く。セモリナ粉をまぶす。
2　フライパンにサラダ油を入れて熱し、160℃くらいになったら**1**を加えて揚げ焼きにする。20〜30秒間たったら面を返し、同様に20〜30秒間火を入れる。
3　皿に盛って塩をふる。イタリアンパセリを散らし、レモンを添える。

ふきのとうにアカザエビを抱かせ
て、天ぷらに。
山菜のほのかな苦みがエビの甘さ
を引き立てます。

材料（2人分）
アカザエビ（小）　6尾
フキノトウ　6個
小麦粉　適量
天ぷら衣（薄いもの）　適量

1　アカザエビの殻と背ワタを除き、む
き身にする。フキノトウはつぼみをはず
す。
2　**1**に小麦粉をまぶしつけ、フキノト
ウに詰める。
3　**2**を薄めの天ぷら衣にくぐらせ、油
で揚げる。

えび　——　石かわ　石川秀樹

赤座えび ふきのとう揚げ

えびのイスラム揚げ

えび ── ブランカ 吉岡哲生

ウイグル地区に伝わる「川エビ
のクミン炒め」をアレンジ。
パクチーの根を揚げた油でエビ
を揚げ、仕上げにスパイスをか
けて、香ばしく。

材料

パクチーの根　1束分
強力粉　適量
エビ　計300g
　┌ 泥エビ（京都・宮津産）
　│ 白エビ（富山産）
　└ 川津エビ（淡路産）
片栗粉　適量
どんぐりチップ*　20g
キャノーラ油（揚げ油）
塩　適量
ミックススパイス**　適量
ライム

＊インドネシア産の食品。原料は東南アジア原
産のドングリに似た木の実、グネツ。ほのかな
苦みがある。
＊＊クミン、ガラムマサラなど、8種を合わせた
自家製スパイス

1　パクチーの根に強力粉をまぶし、
160℃のキャノーラ油で揚げる。
2　六割がた揚がったら油温を180℃
に揚げ、片栗粉をまぶしたエビを一気
に揚げる。
3　エビが揚がる直前にどんぐりチッ
プを加える。すべてを引き上げて油を
きる。
4　塩とミックススパイスをふり、皿
に盛る。ライムを添える。

くもえび、尾鷲のしばえび、山菜のフリットミスト

えび ── トラットリア・ビコローレ・ヨコハマ　佐藤護

殻ごとすべて食べられるエビのフリット。
山菜のフリットも添えて季節の香りたっぷりに。

材料（2人分）
クモエビ（オオコシオリエビ）　2本
シバエビ（ヒメアマエビ*）　4本
山菜（コゴミ、タラの芽、フキ、根ミツバ）　各適量
小麦粉（イタリア00粉**）　適量
塩　適量
レモン

＊甘エビに似た甘みのあるタラバエビ科のエビ。鹿児島などで漁獲される。三重県尾鷲市などでは「シバエビ」と呼ばれる（クルマエビ科のシバエビとは別種）。
＊＊または強力粉に薄力粉を半々に合わせて使用。

1　クモエビは頭の殻をとり、背ワタをとる。シバエビは殻付きのまま背ワタをとる。
2　**1**と山菜に小麦粉をまぶす。水にくぐらせて、180℃の油で揚げる
3　油をきり、塩をふる。皿に盛り合わせ、レモンを添える。

桜えびのトルティジータ

アンダルシア風のかき揚げ。
生地にヒヨコ豆の粉が入っている
ので香ばしく、カリッカリ。

材料（小サイズ約30枚分）
サクラエビ　100g
玉ネギ（みじん切り）　50g
イタリアンパセリ（みじん切り）
　大さじ1〜2
衣
┃　小麦粉　100g
┃　ヒヨコ豆の粉　80g
┃　水　約350ml
┃　塩　適量
オリーブ油（揚げ焼き用）　適量

1　衣の材料をボウルに入れて混ぜる。
2　**1**にサクラエビ、玉ネギ、イタリ
アンパセリを加える。
3　フライパンにオリーブ油をたっぷ
り入れて火にかけ、**2**を大さじ1杯分
ずつ入れて広げ、両面を揚げ焼きする。

桜えびとにんじんのかき揚げ

えび ― 賛否両論 笠原将弘

生サクラエビを揚げて旨みと香りを凝縮させる。
ニンジンの甘みとよく合います。

材料（4人分）

サクラエビ（生）　150g

ニンジン　1/2本

ミツバ　3本

薄力粉　適量

A｜卵黄　2個
　｜水　100ml

塩　少量

スダチ

1　水をはったボウルにサクラエビを入れ、箸で混ぜてヒゲをとる。水気を
ふき取る。

2　ニンジンをマッチ棒状に切る。ミツバを長さ3cmに切る。

3　**1**、**2**をボウルに入れ、薄力粉をふり入れてまんべんなく混ぜる。材料A
を混ぜ合わせたものをボウルに少しずつ加えてまとまる固さにする。玉杓子
で適量をすくい、170℃の油に形を整えながら入れ、揚げる。

4　油をきり、器に盛る。塩、スダチを添える。

生サクラエビを使った春のかき揚げ。
ジャガイモと組み合わせてボリュームアップ。

材料（2人分）
サクラエビ（生）　50g
ジャガイモ　40g
薄力粉　適量
衣
　┃　薄力粉
　┃　水
塩

1　ジャガイモの皮をむき、サクラエビの大きさに合わせて長さ2cm、太さ2mm角程度に切る。
2　衣用に、薄力粉を適量の水でとく。
3　サクラエビと**1**をボウルに合わせ、薄力粉を少量加えてまぶし、**2**を加える（まとまる状態になるまで）。玉杓子ですくって、170℃に熱した油に落とし、キツネ色になるまで揚げる。
4　油をきり、塩をふる。

桜えびと青海苔のさつま揚げ

えび ── 根津 たけもと　竹本勝慶

揚げたてはまんまる。30秒ほどたつとしぼんでくるのでまずはすぐに提供し、丸い姿と揚げたての香りを楽しんでもらいます。ひと呼吸おいて少し冷めたところが、おいしさの味わいどき。

材料
乾燥サクラエビ
乾燥青海苔（四万十産）
さつま揚げのベース
　┌ 魚すり身（ハモ、グチ）
　│ 塩
　│ うすくち醤油
　└ 卵
糸がきマグロ節

1　ハモとグチのすり身に塩を加え、すり鉢で十分にすり混ぜて粘りを出す。適量のうすくち醤油、とき卵を加えてさらによくすり混ぜる。
2　1に乾燥サクラエビと青海苔を加えてよく混ぜる。丸めて160℃に熱した油に落とし、ゆっくりと揚げる。
3　油をきり、器に盛る。糸がきマグロ節をのせる。

たこの白仙揚げ

たこ ── 日本料理 晴山　山本晴彦

白仙揚げとは、白い薄衣をつけた揚げもの。タコの酒煮を白仙揚げで仕上げ、色味と歯ざわりに軽いアクセントをつけます。

材料

タコ

A｜酒、だし（１：３）

　｜塩　適量

　｜醤油　少量

　｜砂糖　少量

片栗粉

太白ゴマ油（揚げ油）

コシアブラ

1　タコの酒煮：タコの足をはずして糠で洗い、熱湯をかけて降りにする。これを鍋にとり、材料Aを加えて約15分間煮る。

2　鍋ごと蒸し器に入れ、30〜40分間蒸す。

3　ひと口大に切って、片栗粉をまぶし、太白ゴマ油で揚げる。

4　コシアブラは素揚げにする。

イイダコの煮つけの天ぷら。
衣に木の芽を入れて、
春の香りに。

材料

イイダコ
煮汁
    だし　300ml
    こいくち醤油　30ml
    みりん　30ml
    砂糖　10g
天ぷら衣　適量
木の芽（葉）　適量
昆布塩*　適量

＊おぼろ昆布を乾燥させ、粉に挽いて塩と混ぜ合わせたもの

1　イイダコの煮つけ：イイダコを掃除して、熱湯をかけて霜降りにする。鍋にとり、煮汁で10分間ほど煮る。
2　**1**を適当な大きさに切る。木の芽を加えた天ぷら衣にくぐらせ、油で揚げる。
3　器に盛り、木の芽を散らし、昆布塩を添える。

飯だこ木の芽揚げ

たこ ── 石かわ　石川秀樹

「タコの唐揚げ」からの発想で、タコをベニェ（フランス風衣揚げ）に。ビールを加えてつくる衣にはかすかな苦みがあり、お酒に合います。
見た目は「たこ焼き」風で。

材料（6個分）
マダコの足（ゆでたもの）60g
ベニェの生地
├ ビール　140ml
├ 強力粉　50g
├ 薄力粉　50g
└ インスタントドライイースト　3g
薄力粉　適量
ソース
├ フォン・ド・ヴォー　10g
└ 粉山椒（石臼挽き）　適量
チャービル（みじん切り）
イタリアンパセリ（みじん切り）

1　ゆでたマダコの足を一口大（約10g）に切る。
2　ベニェ生地：材料を混ぜ合わせ、温かい場所に30分ほど置いておく。
3　**1**に薄力粉をまぶして、**2**にくぐらせ、180℃の油で4〜5分間揚げる。
4　**3**に揚枝を刺して器に盛る。フォン・ド・ヴォーに粉山椒を加えたソースをかけ、チャービル、イタリアンパセリをのせる。

たこの大葉衣揚げ

たこ ── 賛否両論 笠原将弘

タコのやわらか煮を揚げて、大葉の香りと、サクッとした歯ごたえをプラス。

材料（4人分）

マダコのやわらか煮　1/4はい

大葉　20枚

薄力粉　適量

衣
- ビール　200ml
- 薄力粉　100g

金針菜　適量

塩　適量

スダチ

1　大葉はせん切りにして、さっと水で洗い、水気をふきとる。バットなどに広げる。

2　マダコのやわらか煮を一口大に切り、薄力粉をまぶす。衣（材料を合わせる）にくぐらせ、**1**の大葉をまぶしつけて、170℃の油で揚げる。

3　油をきる。素揚げした金針菜とともに器に盛る。塩とスダチを添える。

タコのやわらか煮

マダコ（内臓を掃除したもの）

塩　適量

A
- 水　1200ml
- 酒　180ml
- こいくち醤油　180ml
- みりん　180ml
- 黒砂糖　100g

1　タコを塩でよくもみ、水で洗う。すりこぎで叩いて繊維をこわす。沸騰した湯で霜降りにする。

2　材料Aと**1**を鍋に合わせ、弱火で3時間ほど炊く。

ソフトシェルクラブの
おこげ揚げ

かに ─ 慈華　田村亮介

中国料理の「おこげ」を衣替わ
りにした揚げもの。
サフランライスと黒米を使って
色よく、歯ごたえよく。
味つけは、五香粉などを入れた
スパイス塩で。

材料（2人分）
ソフトシェルクラブ（冷凍）　2はい
乾燥サフランライス＊　50g
乾燥黒米＊＊　10g
水溶き小麦粉
　　薄力粉　10g
　　水　15g
スパイス塩　適量
　　塩　大さじ2
　　黒コショウ　小さじ1/2
　　カレー粉　小さじ1
　　乾燥パセリ　大さじ3
　　五香粉　小さじ1/2

＊サフランを入れて米を炊き、バットの上に薄く
広げて放置し、乾燥させる。
＊＊黒米を水から煮て、やわらかくなったらバッ
ト上に薄く広げて放置し、乾燥させる。

1　ソフトシェルクラブを解凍する。
2　2種類の乾燥米をボウルに合わせ
る。
3　**1**の水気をしっかりときり、表面に
水溶き小麦粉をまぶして**2**のボウルに
入れ、米を貼りつける。これを160℃
の油で揚げる。
4　油をきり、器に盛る。スパイス塩
（材料を合わせる）をふりかける。

しらうおの香煎揚げ

魚 ― 日本料理 龍吟 山本征治

おかきを衣にしたシラウオのフライ。
醤油おかきの香ばしさが淡白なシラウオの味を引き立てます。

材料
シラウオ
海苔
柿の種（おかき）
オリーブ油（揚げ油）
マイクロトマト

1 シラウオを5〜7本ずつまとめ、細切りにした海苔で巻いて止める。
2 柿の種をフードプロセッサーにかけ、目の細かい漉し網に通す。
3 **1**に**2**のおかきパウダーをまんべんなくまぶし、180℃に熱したオリーブ油で揚げる。
4 マイクロトマトとともにピンで刺す。

しらうおの三色揚げ

シラウオの繊細さを生かすサクッ
とした軽い口当たりの秘密は、
天ぷら衣の合わせ方にあり。
玉水（卵黄＋水）をバーミキサー
で泡立ててから小麦粉を混ぜる
と、自然な気泡が軽さをもたら
します。

材料

シラウオ
天ぷら衣
┌ 卵黄　1個
│ 水　200ml
└ 小麦粉　200g
梅肉（裏漉しする）　適量
タスマニアンペッパーベリー＊（挽く）
　適量
抹茶
塩

＊オーストラリア産のスパイス。はなやかな香り、
辛み、赤い着色効果がある。

1　卵黄と水をボウルに合わせ＊、バー
ミキサーでかき立てながら小麦粉をふ
り入れ、混ぜる。軽い気泡がたったと
ころにシラウオをくぐらせ、すぐに
180℃の油で揚げる。

＊プレーンの衣の場合。梅風味の衣用には、ここ
で適量の梅肉とタスマニアンペッパーベリーを加
える。抹茶風味の衣用には、適量の抹茶を加える。

2　油をきり、塩をふる。

しらうおのフライ

魚 ── レ・ストゥディ　ホセ・バラオナ・ビニェス

小麦粉をまぶしてさっと揚げるだけ。
サクサクとした軽い歯ざわりで、繊細な味。
キリッと冷えたビールや白ワインによく合います。

材料
シラウオ
塩
小麦粉
レモン

1　ザルに入れたシラウオに塩をふり、小麦粉をふりかけてまぶし、ザルを
ふって余分な粉をふるい落としながら、1尾1尾にムラなく薄くまぶしつけ
る。180℃の油で揚げる。
2　油をきる。レモンを添える。

シラウオは揚げすぎると水分が抜けてしまうので、
すぐに火が通るセリと一緒に。
セリのスキッとした香りがアクセントになります。

魚 ── 分とく山 野﨑洋光

芹としらうおのかき揚げ

材料
シラウオ
セリ
薄力粉
衣
　　薄力粉　40g
　　水　100ml
塩

1　シラウオを1％の塩水で洗い、ザルに上げて水気をふき取る。セリは長さ2.5cmに切り揃える。ともにボウルに入れ、薄力粉を加えてまぶす。
2　別のボウルに衣の材料を合わせる。**1**を入れてさっくりとからめ、しゃもじなどですくって170℃の揚げ油に入れ、揚げる。
3　油をきり、塩をふる。

鮎のフライ

魚 ─ 日本料理 晴山 山本晴彦

塩焼きから目先を変えて、アユ
をフライに。
肝の苦みは、ウスターソースと
も相性よし。

材料
アユ（30 〜 40gの小ぶりのもの）
塩
卵
パン粉（細挽き）
太白ゴマ油（揚げ油）

1 アユに塩をあてておく。
2 **1**をとき卵にくぐらせ、パン粉をつ
ける。頭と尾は衣をぬぐい取る。尾を
つまんで170℃に熱した太白ゴマ油に
頭を浸け、2分間揚げて頭に火が通っ
たら、全体を油に入れて揚げる。
3 油をきり、器に盛る。

わかさぎとごぼうのパイヤソン

ワカサギの衣揚げをゴボウのパイヤソン（巣）仕立てにのせて、仕上げに五香粉をふりかけて、さらに香ばしく。
ワカサギの代わりに稚アユも使えます。

材料
ワカサギ　2尾
ゴボウ　2本
衣
　卵黄　1個分
　薄力粉　150g
　水　200ml
五香粉
オキサリス

1　ゴボウをピーラーで細長く削る（表面の皮は使用しない）。水にさらして水気をきる。
2　ワカサギに串を打ち、薄力粉（分量外）をまぶして、衣（材料を混ぜ合わせる）にくぐらせる。**1**を数本巻きつけ、180℃のサラダ油で2〜3分間揚げる。
3　残りのゴボウを180℃のサラダ油でさっと揚げる。油をきって熱いうちに鳥の巣のように巻いて筒状に成形する。
＊ゴボウは濃く色づくと苦みが出てくるので、色づく前に引き上げる。

4　皿に**3**のゴボウを置き、**2**を盛る。五香粉をふり、オキサリスを散らす。

生ししゃものフリット、グアンチャーレをまとって

魚 ─ ナティーボ 瀧本貴士

揚げたてのシシャモに、グアンチャーレ（豚ほほ肉の塩漬け）のスライスをかぶせると、熱で脂が溶け、なんともいえないおいしい香りが立ちのぼります。
魚はアユやメヒカリでも！

材料
シシャモ　8尾
衣
| そば粉　100g
| ビール　160ml
| 水　30ml
| 生イースト 10g
オリーブ油（揚げ油）
グアンチャーレ
コショウ
レモン

1　衣の材料をすべて合わせ、よく混ぜる。漉してダマをとる。温かい場所に2時間置き、発酵させる。
2　シシャモの内臓を抜き、頭を落とす。**1**の衣をつけて170℃のオリーブ油で揚げる。
3　油をきって器に盛り、グアンチャーレの薄切りをかぶせる。コショウをふり、レモンを添える。

きすの空豆揚げ、じゃがいものガラス添え

魚も豆も揚げることで甘みが増します。ホクホク、サクサクして冷めてもおいしい！
ジャガイモの「ガラス」に散らした赤ワイン風味の塩が風味のアクセント。

材料

キス
ソラマメ
葛粉
卵白
塩
オリーブ油（揚げ油）
ジャガイモのガラス
赤ワイン塩*

*メルロー種の赤ワインの風味をつけたフレーク状の塩（市販品）。

1　キスを3枚におろし、小骨を取り除く。塩をふり、10分間ほどおく。
2　ソラマメの薄皮をむき、約3㎜角にきざむ。
3　キスに葛粉をはたき、卵白をつけて、**2**をまぶす。180℃に熱したオリーブ油で揚げる。
4　石の上にキスを盛り、ジャガイモのガラスをのせて赤ワイン塩をふる。

ジャガイモのガラス

1　ジャガイモの皮をむいて乱切りにし、塩湯でゆでる。フードプロセッサーにかけてピューレにし、シリコンパット上に厚さ2㎜にのばす。蒸し器で約2分間蒸したのち、乾かす。
2　**1**を適当な大きさに割り、60℃に温めたオリーブ油にくぐらせる（透明になる）。

アジフライの変化形。
谷中ショウガにアジを巻きつけ
て香ばしく揚げます。

材料（1皿分）
アジ　2尾
谷中ショウガ　4本
薄力粉、卵、パン粉　各適量
粗塩
タルタルソース

1　アジを三枚におろす。
2　谷中ショウガに薄力粉をまぶし、中央から下にアジの片身を巻きつける。とき卵、パン粉を順につけ、180℃の油で3分間揚げる。
3　アジを巻いた部分を一口大に切る。紙を敷いた器に盛る。粗塩、タルタルソースを添える。

タルタルソース
固ゆで卵（5㎜角切り）　3個
玉ネギ（5㎜角切り）　100g
ショウガの酢漬け（5㎜角切り）　100g
マヨネーズ　150g
練りガラシ　20g

材料を混ぜ合わせる。

魚 ─ 和酒月肴　西村幸

あじフライ、谷中生姜とともに

尾鷲産いわしのフライ
自家製タルタル

イワシの下処理は手開きで。
タルタルは白ワインヴィネガー
多めでさらっと仕上げます。

材料
イワシ
塩、コショウ
小麦粉、卵、パン粉
キャベツ
タルタルソース

1　イワシの頭を落として内臓を取り
除き、手開きする。塩、コショウをふ
って常温でしばらく置いた後、水気を
ふき取る。
2　1に小麦粉、とき卵、パン粉を順
につけ、油で揚げる。
3　油をきり、キャベツのせん切りと
ともに皿に盛る。タルタルソースを入
れた小皿を添える。

タルタルソース
固ゆで卵　2個
玉ネギ（みじん切り）　10g
イタリアンパセリ（みじん切り）　10g
A｜　マヨネーズ　適量
　｜　白ワインヴィネガー　適量
　｜　塩、コショウ　各適量

1　固ゆで卵をさいの目に切る。玉ネ
ギをみじん切りにして水にさらし、水
気をきる。
2　1をボウルに合わせ、きざんだイ
タリアンパセリ、材料Aを加え混ぜる。

いわしのウスター竜田揚げ

ウスターソースで味をつけた、
イワシの"変わり竜田揚げ"。
レンコンのフライとともに。

材料（2人分）
イワシ（中）　2尾
ウスターソース　大さじ4
レンコン　少量
衣
　┌ 片栗粉　大さじ1.5
　│ 小麦粉　大さじ1.5
　└ 卵　少量
スダチ
ボウフウ

1　イワシの頭、内蔵を取り除き（尾
は残す）、水洗いして水気をふき取る。
ボウルに入れてウスターソースを加
え、全体になじませておく。

2　レンコンの皮をきれいに洗い、厚さ
約1mmにスライスして水に落としたの
ち紙に挟んで水気をふき取る。170℃
の油で素揚げし（レンコンの周りから
出ていた泡が出なくなるまで）、紙の
上にあげて油をきる。

3　衣の材料を**1**のボウルに加え、イ
ワシにからめるように合わせ、175℃
の油で4分間揚げる。油をきる。

4　尾を切り落とし、中骨を抜く（揚
げた身を軽く押し、中骨の端をつまん
で引き抜く）。紙を敷いた器に、**2**の
レンコンチップスとともに盛る。スダ
チとボウフウを添える。

いわしのポルペッティーノ

松の実とレーズン入りのシチリア風イワシ団子。

揚げたてに玉ネギの甘酸っぱい煮込みをのせ、そのままマリネ。つくり置きして冷菜として提供できます。

もちろん、温かくても美味。

材料

イワシ　10尾

A｜松の実　15g

　｜レーズン　25g

　｜パン粉　6g

　｜とき卵　1個

　｜イタリアンパセリ（みじん切り）

　｜　適量

　｜塩、コショウ　各適量

玉ネギのアグロドルチェ　適量

カカオパウダー　適量

1　イワシの頭と内臓、中骨を取り除き、身を包丁でたたく。

2　1をボウルに入れ、材料Aを加えて混ぜる。1個25gの団子に丸め、180℃の油で揚げる。

3　油をきり、玉ネギのアグロドルチェをのせて冷ます。器に盛り、カカオパウダーをふりかける。

＊熱い揚げたてにアグロドルチェをのせ、そのまま冷ますと味がよくしみ込む。

玉ネギのアグロドルチェ

玉ネギ（薄切り）　3個

オリーブ油　適量

A｜赤ワインヴィネガー　適量

　｜砂糖　適量

　｜塩　適量

玉ネギをオリーブ油で軽く炒め、材料Aを加えて、しんなりするまで煮る。

さんまの唐揚げ

魚 — 料理屋 こだま 小玉 勉

コクがあって酸味まろやかな黒酢
ドレッシングは、
揚げものとは抜群の相性。

材料

サンマ　1尾
塩、片栗粉　各適量
黒酢ドレッシング　適量
> 黒酢　80ml
> ゴマ油　30ml
> 醤油　30ml
> 粉山椒　小さじ1/2
> 長ネギ（みじん切り）　小さじ2
> ショウガ（すりおろす）　小さじ1
> ラー油　小さじ1

ナス　1本
アサツキ　適量

1　サンマの頭と内臓を取り除き、約
3㎝長さの筒切りにする。塩をふり、
薄く片栗粉をまぶして170℃の揚げ油
で色よく揚げる。
2　熱いうちに適量の黒酢ドレッシン
グ（材料を混ぜ合わせる）をかける。
3　ナスは一口大に切り、素揚げする。
4　皿にサンマとナスを盛り、アサツ
キの小口切りを散らす。

さんまのフリット、サラダ仕立て

クミン、フェンネルシード、カレー粉をきかせてスパイシーに。赤玉ネギとパプリカの爽やかな食感が、揚げたサンマの香ばしさを引き立てます。

材料（2人分）

サンマ　2尾
塩、コショウ、薄力粉　各適量
パプリカ（赤・黄）　各1/4個
赤玉ネギ　1/8個
ドレッシング
┌ クミンシード　大さじ1
│ フェンネルシード　小さじ1
│ 赤ワインヴィネガー　大さじ1/2
└ E.V.オリーブ油　大さじ1
仕上げスパイス
┌ カレー粉
│ 黒コショウ
│ フェンネルシード
└ （ミルで挽いたもの）
レモン、イタリアンパセリ

1　サンマの内臓を抜く。塩、コショウをして3等分に筒切りにし、薄力粉をまぶして油で揚げる。
2　パプリカと赤玉ネギを薄くスライスし、塩とドレッシング材料であえる。
3　皿に**2**のサラダを盛り、**1**のサンマを並べる。イタリアンパセリを散らし、仕上げスパイスをふりかける。レモンを添える。

さばの揚げもの、香菜入りユーリンソース添え

カラリと揚げたサバに、
香菜をきかせた油淋味のたれが
よく合います。

材料（2人分）

サバ（切り身）　160g
酒　大さじ2
コーンスターチ　大さじ2
サラダ
　　キャベツ（極細切り）　100g
　　大葉（極細切り）　5枚
　　ショウガ（極細切り）　10g
　　トマト（くし形切り）　1/2個
合わせだれ
　　醤油　大さじ2
　　上白糖　大さじ2
　　酢　大さじ2
　　黒酢　小さじ1
　　レモン果汁　小さじ1
　　ショウガ（すりおろし）　大さじ1
　　香菜（パクチー）の茎
　　（みじん切り）　大さじ1
　　長ネギ（みじん切り）　大さじ2

1　サバを1切れ20gに切り、酒をふって約3分間おく。ペーパータオルで水気をふき取る。

2　1にコーンスターチをまぶし、180℃の油で揚げる。

＊揚げる前に霧吹きで水を吹きかけてコーンスターチを湿らせると、衣を落とさずに揚げられる。

3　油をきり、サラダとともに皿に盛り合わせる。合わせだれ（材料を混ぜ合わせる）を別に添える。

スペイン風の「魚のマリネ揚げ」。

水分の少ないパサつきやすい魚も、

こうして揚げるとジューシーな仕上がりに。

材料

メカジキの切り身　250g

A　ニンニク（すりおろす）　1かけ

　　パプリカパウダー（スモークタイプ、甘口）　小さじ1/2

　　ドライオレガノ　小さじ1

　　白ワインヴィネガー　大さじ1

　　水　大さじ2

コーンスターチ　50g

塩　適量

ハーブマヨネーズ＊（またはマヨネーズ）

＊マヨネーズに適量のフレッシュハーブミックスをきざんで加えたもの。

1　メカジキの皮を除き、掃除して1〜1.5cm角に切る。

2　**1**をボウルに入れ、材料Aを加えて混ぜる。ラップフィルムをかけ、ひと晩マリネする。

3　**2**のボウルにコーンスターチと塩を加え、混ぜながら魚にまぶしつける。これを170℃の油で揚げる。

4　油をきり、皿に盛ってハーブマヨネーズを添える。

めかじきのサクサクフリッター

魚 ― 4000 Chinese Restaurant 菰田欣也

白玉粉を使った衣は、サクサク
の口当たり。
最初から高温で揚げると衣が破
れるので、低温から揚げはじめ
ます。

材料（2人分）
メカジキ　150g
A｜ 塩、コショウ　各少量
　｜ コーンスターチ　大さじ2
衣
　｜ 白玉粉　50g
　｜ 片栗粉　大さじ1/2
　｜ 塩　少量
　｜ ベーキングパウダー　小さじ1
　｜ 水　70ml
　｜ サラダ油　大さじ1
椒塩*
サラダミックス
B｜ リンゴ酢　大さじ1
　｜ ニンニク（すりおろし）
　｜　　小さじ1/2
　｜ オリーブ油　大さじ1

＊塩を乾煎りして粗熱をとり、花椒粉（中国山椒
をミキサーで挽いたもの）と混ぜたもの。

1　メカジキを1cm幅のそぎ切りにし、
材料Aで下味をつける。
2　衣の材料を混ぜ合わせる。
3　**1**に衣をつけ、低温（160℃ほど）
の油で揚げはじめ、徐々に温度を上げ
てカリッとするように仕上げる。
4　油をきり、皿に盛る。サラダ（サラ
ダミックスを材料Bであえる）、椒塩
を添える。

魚 — ゆき椿　市川鉄平

かつおの竜田揚げ

出盛りのカツオをまとめて「づけ」
にすれば、1週間は使えます。
短時間で提供できる
重宝メニュー。

材料
カツオ
浸け地（以下比率）
　日本酒：1
　こいくち醤油：1
　みりん：1
片栗粉
レモン
一味唐辛子

1　カツオを節におろし、皮を除いて
約1cm幅に切る。浸け地（材料をあわ
せる）に浸ける（5分間以上）。
＊浸けた状態で冷蔵保管すれば約1週間使える。
2　カツオを浸け地から取り出して水
気をふき取る。片栗粉を薄くまぶしつ
け、180℃の油で揚げる（中心まで火
を通す）。
3　油をきり、皿に盛る。レモンと一
味唐辛子を添える。

すずきのおかき揚げ

魚 ─ 銀座小十 奥田 透

スズキのカマを揚げものに。
おかき衣のカリカリ感と香ばしさ
が豪快です。
アボカドも同様に揚げます。

材料（2皿分）

スズキのかま　4切れ
アボカド　1/2個
柿の種（おかき）　適量
青ジソ　適量
塩
スダチ
ポン酢

1　スズキのかまを骨付きのまま大き
めに切る。
2　アボカドの皮と種を取り除いて、大
きめに切る。
3　柿の種をすり鉢で粉状にくだき、
ふるいにかける。
4　**1**と**2**の表面に**3**のパウダーをまん
べんなくまぶし、180℃の油で揚げる。
せん切りにした青ジソも素揚げする。
5　皿に盛り、塩とスダチ、ポン酢な
どを添える。

ふっくらと肉厚のエイヒレを使います。

においが出る前の新鮮なものを選び、手早く仕込むことが鉄則。

衣は軽くスパイシーに。

魚 — 肉うどんの戸上家　戸上雅貴

生えいひれの唐揚げ

材料

生エイヒレ

衣（以下比率）

> 片栗粉：1
> 薄力粉：1
> パプリカ、サフラン、ミックススパイス　各少量
> 塩、白コショウ　各少量

レモン

醤油

マヨネーズ

1　生エイヒレのかたい部分を切り落とし、一口大に切る。水気をよくふき取る。

2　**1**に衣（材料を合わせる）をまぶし、160〜170℃の油で揚げる。

3　皿に盛り、レモン、ごく少量の醤油を加えたマヨネーズを別に添える。

ふかひれのフライ

魚 ─ 日本料理 龍吟 山本征治

干し貝柱や干しエビを使ったぜいたくなスープをフカヒレに煮含め、パン粉をつけてカラリと揚げたもの。

材料

フカヒレ（もどしたもの）　10枚
ネギ、ショウガ、くず野菜など
A｜ だし　1500ml
　　丸鶏だし*　1500ml
　　生ハムだし**　1500ml
　　オイスターソース　100ml
　　中国醤油　100ml
　　こいくち醤油　35ml
　　うすくち醤油　35ml
　　干しエビ　60g
　　干し貝柱　100g
小麦粉、卵、パン粉***　各適量
オリーブ油（揚げ油）

1　フカヒレをネギ、ショウガ、くず野菜などを入れた湯で下ゆでする。先端のにおいの強い部分をピンセットで取り除く。

2　鍋に材料Aを合わせて**1**を入れ、1時間ほど煮る。そのまま冷ます。引き上げて水気をきる。

3　**2**のフカヒレを繊維に沿って細長く切り分け、小麦粉、とき卵、パン粉の順につけて、180℃のオリーブ油で揚げる。

4　油をきり、コルネ型に巻いた紙に入れる。

＊大和地鶏1羽分のぶつ切りを、少量の酒を加えた水3Lで約3時間煮出し、漉したもの。
＊＊ハモン・イベリコ・ベジョータ300gを少量の酒を加えた水3Lで約30分間煮出し、漉して、半量になるまで煮詰めたもの。
＊＊＊バゲットの皮を乾かしてミキサーで粉にしたもの。

ポルトガルの定番スナックで、
もとはインドが源流。
ガラムマサラの量はお好みで。
塩味はしっかりつけたほうが具
の味が生きます。

魚 ── クリスチアノ　佐藤幸二

魚と野菜のシャモサ

材料（15〜17個分）
ウマヅラハギ　1尾
ジャガイモ　1個
キャベツ　1/8個
ガラムマサラ　小さじ1
塩、コショウ　各適量
シャモサ生地
　　小麦粉（バイオレット）　140g
　　塩　少量
　　水　50ml
　　バター（ポマード状にする）　50g
　　E.V.オリーブ油　10ml

1　シャモサ生地：小麦粉、塩、水を
混ぜ合わせる。均一になったらバター
とE.V.オリーブ油を加えてよく練り込
む。ひと晩ねかせる。
2　ウマヅラハギを三枚におろし、フ
ィレを小口に切る。
3　ジャガイモを蒸して皮をむき、つ
ぶす。キャベツをしりしり器でせん切
りにする。
4　**2**と**3**をボウルに合わせ、塩、コ
ショウ、ガラムマサラで調味する。
5　シャモサ生地30gをめん棒でのば
し、厚さ2mmの楕円にして半分に切る。
この生地1枚に**4**を30gのせ、包んで
三角形にする。170℃の油で揚げる。

インド風フィッシュカトゥレットゥ

魚 —— ナイルレストラン ナイル善己

魚の身とマッシュポテトをパン粉揚げした「魚のカツレツ」。
淡白な白身魚よりもスパイスに負けないややパンチのある魚が向いています。
インドでは揚げたてにレモンをぎゅっと絞り、紫玉ネギと一緒に食べます。

材料（4人分）

魚の切り身
　（スズキ、ボラなど）　250g
A ┃ 青唐辛子（切り込みを入れる）　2本
　┃ ニンニク（つぶす）　1かけ
　┃ ショウガ（つぶす）　1かけ
　┃ 塩　小さじ1/2
　┃ コショウ　小さじ1/4
　┃ 水　200ml
ジャガイモ　220g
B ┃ 玉ネギ（みじん切り）　1/3個
　┃ ニンニク（みじん切り）　1かけ
　┃ ショウガ（みじん切り）　1かけ
　┃ 青唐辛子（みじん切り）　3本
サラダ油（炒め用）　大さじ2
塩　小さじ1/2
パウダースパイス
　┃ ターメリック　小さじ1/2
　┃ カイエンヌペッパー　小さじ1/3
　┃ ガラムマサラ　小さじ1/2
卵　1個
パン粉　適量
レモン

1 鍋に魚と材料Aを入れ、約5分間ゆでてくさみを抜く。魚を取り出し、水気をきる。

2 ジャガイモを一口大に切り、下ゆでする。

3 フライパンにサラダ油を熱し、材料Bを炒める。玉ネギがしんなりしたら**1**を入れ、ほぐしながら水分をとばすように炒める。塩、パウダースパイス、**2**を加え、つぶしながら混ぜる。再度塩で味をととのえる。

4 **3**を8～10等分にし、直径5cm・厚さ1cm程度の円盤にまとめる。とき卵、パン粉の順につけ、中温の油で揚げる。

5 器に盛り、レモンを添える。

うにの磯辺揚げ

パリッとした海苔の中はとろりとした半生のウニ。
ソバのさらしな粉とコーンスターチを使った衣はグルテン含有率が低く湿気にくい。

材料

海苔
生ウニ
醤油
衣
├ ソバのさらしな粉
├ コーンスターチ
├ ベーキングパウダー
├ 湯（約55℃）
├ オリーブ油
└ 塩、コショウ
オリーブ油（揚げ油）
イワナシの醤油漬け（解説省略）
赤ワイン塩*

*メルロー種の赤ワインの風味をつけたフレーク状の塩（市販品）。

1 海苔を8㎝×16㎝の長方形に切る。大さじ2.5杯分の生ウニをのせ、醤油を3〜4滴落とし、二つ折りにして端を醤油で留める。
2 さらしな粉、コーンスターチ、ベーキングパウダーを3対3対1の比率で合わせ、約55℃の湯とオリーブ油を7対3の割合で混ぜたもので適度に溶く。塩、コショウを少量加える。
3 1を2にくぐらせ、180℃に熱したオリーブ油で約17秒間揚げる。
4 油をきり、二つに切り分ける。皿に盛り、イワナシの焼酎漬けと赤ワイン塩を添える。

イメージは「洋風さつま揚げ」。
生地に生クリームと卵白が入っているので口当たりはフワフワ。マヨネーズ系のソースとカレー塩の両方を添えて。

材料（120個分）

エビ（ブラックタイガー のむき身）　1.4kg
ホタテ貝柱　800g
白身魚のすり身　1kg
卵白　800g
生クリーム（乳脂肪分38%）　1000ml
塩　約21g
カイエンヌペッパー　適量
パプリカ（赤、黄など）　4個
マヨネーズラビゴット　適量
  ケイパー（粗きざみ）　20g
  コルニション（粗きざみ）　120g
  乳酸発酵クリーム　60g
  マヨネーズ　120g
  白コショウ　適量
カレー塩*　適量

*カレー粉に塩を加えて軽く炒ったもの。

ムースフリット

魚介 ─ レトノ　和田倫行

1　パプリカを5〜6mmの角切りにして下ゆでし、冷ましておく。

2　エビ400gを下ゆでして5〜6等分に切る。

3　エビ1kgとホタテ貝柱の水気をよくきって冷やしておく。

4　3の水気を再度きり、白身魚のすり身とともにフードプロセッサーにかける。なめらかになったら卵白を加えてさらに攪拌し、生クリーム500mlを加えて均一になるまで攪拌する。

5　並行して、別に生クリーム500mlを八分立てにする。

6　4を氷水にあてたボウルに移し、5を合わせ、1と2、塩、カイエンヌペッパーを加え、つやがなくなり、白っぽくなるまでへらで混ぜる。45gずつラップフィルムで包み、電子レンジで4分間加熱する。冷凍する。

7　6を180℃の油で揚げる。皿に盛り、マヨネーズラビゴット（材料を合わせる）、カレー塩を添える。

カリッとした衣となめらかな食感とのコントラストが印象的。
ビネグレットの酸味が白子のクリーミー感を引き立てます。

白子 ― ラ・ピヨッシュ 宮崎智洋

白子のフリット

材料（1皿分）

白子（マダラ）　約300g

塩、白ワイン　各適量

衣

　全卵1個＋水　計280ml

　薄力粉　150g

サラダ菜（レタス、春菊）

ビーツ（赤、黄）

シトロンビネグレットソース　適量

　ディジョンマスタード　30g

　塩　5g

　サラダ油　300ml

　シトロンビネガー　80ml

1　白子の汚れや筋をとって約40gずつに小分けし、塩と白ワインを加えた湯で軽く湯通しする。粗熱をとって冷蔵庫に入れる。

2　卵と水を混ぜて卵液をつくり、薄力粉を加え混ぜる。

3　**1**に塩を軽くふり、**2**にくぐらせて、180℃の油で揚げる（約5分間）。

4　油をきり、塩をふる。サラダ菜を皿に盛り、ビネグレットソース（材料を合わせて乳化させたもの）をかけて、**3**とビーツの薄切りを盛る。

あん肝れんこん挟み揚げ

アンキモ、大葉、レンコンの挟み
揚げ。アサツキをたっぷり浮かべ
た天だしで。

材料（4人分）

アンキモ　200g
塩　適量
レンコン　1節
大葉　8枚
天ぷら衣　適量
つけだし（以下比率）
　だし：8
　うすくち醤油：1
　みりん：1
アサツキ（小口切り）　少量

1　アンキモを掃除して塩水に30分程
度浸ける。水気をふき取り、ラップフィ
ルムで包んで円筒形に整える。こ
れをアルミ箔で包んで蒸す。冷ました
後、5mm程度の厚さの輪切りにする。
2　レンコンの皮をむき、厚さ2〜3mm
に切る。
3　1を大葉で包み、レンコン2枚で挟
んで楊枝で留める。天ぷら衣にくぐら
せて、揚げる。油をきる。
4　器に盛る。アサツキの小口切りを
入れたつけだし（材料を合わせて煮立
て、冷ましたもの）の小皿を添える。

ザクザクとしたパン粉の衣と、
タルタルソースで楽しむ定番のカキフライ。
加熱しても身が縮まないカキを選びます。

貝 — フィッシュハウス オイスターバー　松下敏宏

シンプルかきフライ

材料

生ガキ（むき身）　4個
強力粉　適量
A┌ 卵　1個
　│ E.V.オリーブ油　少量
　└ 水　少量
生パン粉（粗挽き）　適量
塩、コショウ　各適量
レモン、タルタルソース

1　ボウルに材料Aを合わせる。
2　カキの水分を紙でふき取る。
塩、コショウをして強力粉をまぶ
し、1にくぐらせ、パン粉をつけ
て、180℃の油で揚げる。
3　油をきり、タルタルソースと
レモンを添える。

タルタルソース

A┌ 固ゆで卵（粗みじん切り）　5個
　│ エシャロット（みじん切り）　1個
　│ 酢漬けケイパー（粗みじん切り）
　│ 　大さじ1
　│ 酢漬けエストラゴン（みじん切り）
　│ 　大さじ1
　│ コルニション（薄切り）　少量
　└ パセリ（みじん切り）　少量
B┌ 卵黄　2個
　│ ニンニク（すりおろし）　2かけ
　│ ディジョンマスタード　大さじ1
　│ エストラゴン（酢漬け）の汁　適量
　│ 塩　7g
　│ 白コショウ　1g
　└ サラダ油　400ml

材料Bでガーリックマヨネーズをつ
くり、材料Aと合わせる。

かきのおかきフライ

貝 — 開花屋　丹下輝之

パン粉の代わりに砕いたかき餅を使用。カリカリ感がおもしろい、ひと味違うカキフライ。

材料（2人分）
カキ（大粒のむき身）　5～6個
ダイコンのしぼり汁　適量
かき餅せんべい（塩味）　4～5枚
小麦粉、卵　各適量
A ┌ 黒酢　大さじ2½
　│ 水　大さじ2
　└ 砂糖、ゴマ油、醬油　各大さじ1
水溶き片栗粉　適量
サラダ野菜（レタス、バジリコ）
素揚げ野菜（玉ネギ、パプリカ）

1　かき餅せんべいをビニール袋などに入れて包丁の背でたたき、できるだけ均一に砕く。
2　カキをダイコンおろしのしぼり汁（または薄い塩水）で洗い、水ですすぐ。水気をふき取る。
3　鍋に材料Aを合わせて沸かし、水溶き片栗粉でとろみをつけて餡に仕上げる。
4　**2**に塩、コショウをして小麦粉、とき卵、**1**の順につけ、175℃の油で3分間揚げる。
5　油をきり、皿に盛る。サラダ野菜と素揚げ野菜を添え、**3**の餡をかける。

貝 ── 築地 竹政　原田活利

殻付きかきの天ぷら

ポン酢と紅葉おろしですすめる、
かきの天ぷら。
衣は厚くせず、薄づけで。

材料
殻付きのカキ
薄力粉
天ぷら衣
　┌ 卵　2個
　│ 水　450ml
　└ 薄力粉　450g
ポン酢
万能ネギ（小口切り）
紅葉おろし

1　カキの殻を開け、身を取り出す。
布巾で水気をきる。
2　天ぷら衣をつくる。卵と水を混ぜ、
ふるった薄力粉に加え混ぜる。
3　**1**に薄力粉をハケでうすくまぶし、
2をつけて、170℃の油で揚げる。
4　器にカキの殻をのせ、**3**を盛る。
ポン酢を少量かけ、万能ネギを散らす。
紅葉おろしを小さな丸にして添える。

かきフライ あさつきソース

貝 — キッチンセロ 岩倉久恵

小粒のカキをいくつか球状に丸め
て揚げると、中心がとろっと仕上
がります。
カキと相性抜群のほろ苦いアサ
ツキソースを添えて。

材料（1皿分）
カキのむき身　正味150 ～ 200g
薄力粉、卵、パン粉
塩
アサツキソース
　　アサツキ　1束
　　ニンニク　1/2かけ
　　E.V. オリーブ油　80 ～ 100ml

1 アサツキソース：材料をミキサー
にかける（オリーブ油は様子を見なが
ら少しずつ加える）。
2 カキに塩をふってもみ洗いする。水
気をふき取る。
3 **2**をボウルに入れて薄力粉をふり
入れ、とき卵を少しずつ加えて全体を
つなぐ（あまりゆるくしない）。3 ～
5個をひとつの球状にまとめ、パン粉
をまぶして、180℃の油で揚げる。
4 皿に**1**のソースを大さじ1杯分ほ
ど敷き、**3**を盛る。

平貝とたらの芽の唐揚げ

タイラ貝に葛粉をまぶして揚げると、
外がカリカリ、中はモチモチ。
片栗粉では出せないクリスピー感が、貝の食感をきわ立てます。

材料
タイラ貝（貝柱）
葛粉
塩
タラの芽
薄衣（小麦粉、水）

1　タイラ貝の貝柱を薄くスライスして、葛粉をまぶし、余分な粉をはたいて落とす。
2　高温の油で色づくまで揚げる。油をきり、塩をふる。
3　タラの芽に薄衣（小麦粉を水で薄めに溶く）をつけて揚げる。
4　器に盛り合わせ、塩をふる。

平貝のおかき揚げ

貝 — 賛否両論　笠原将弘

やわらかいタイラ貝に、サクサクの衣。
柿の種を砕いた衣は香ばしく、色づきもきれい。

材料
タイラ貝（貝柱）
柿の種（おかき）
薄力粉
卵白
サヤインゲン
塩　少量
スダチ

1　タイラ貝の貝柱を掃除して、一口大に切る。
2　サヤインゲンのヘタを切り落とし、半分の長さに切る。
3　柿の種をフードプロセッサーで細かく砕く。
4　**1**に薄力粉、卵白、**3**の順に衣をつけ、170℃の油でさっと揚げる。**2**のインゲンは素揚げする。
5　器に盛り、塩、スダチを添える。

帆立のさつま揚げ

ホテテ貝柱を生地のベースに
使った贅沢なさつま揚げ。

材料（10個分）

A ┌ ホテテ貝柱　500g
　└ 白身魚のすり身　100g
ゴボウ　適量
ニンジン　適量
キクラゲ　適量
エダマメ　適量
吸い地*　適量
玉子の素**　50g
生姜のタルタルソース
　┌ マヨネーズ
　│ ショウガのみじん切り
　└ ショウガのしぼり汁

＊だしに塩、酒、うすくち醤油などで、飲むのに
ちょうどよい加減に味つけた汁。
＊＊卵黄にサラダ油を加えながら泡立て器で混ぜ、
乳化させたもの。

1　ゴボウ、ニンジン、キクラゲを細
切りにする。これらとエダマメをさっ
と塩ゆでし、吸い地に浸けておく。

2　材料Aを合わせてミキサーにかけ
る。すり鉢に移し、玉子の素を加えて
すり混ぜる。ここに汁気をきった**1**を
加えてゴムべらで混ぜる。

3　**2**を適量ずつ丸めてさつま揚げ形
にし、170℃の油で揚げる。

4　油をきって器に盛り、生姜のタル
タルソース（材料を混ぜる）を添える。

白みる貝の肝のフライ その水管のタルタルソース

貝 — mondo 宮木康彦

私たちがみる貝として食べているのはおもに水管。ここでは肝を
メインのパン粉揚げにして、水管はタルタルソースに使います。

材料（10個分）
白ミル貝　10個
エシャロット　20g
コルニション　20g（5本）
ディル　適量
マヨネーズ　180g
薄力粉、卵、パン粉　各適量
塩、コショウ　各適量

1　白ミル貝を殻からはずして掃除する。水管と肝に分ける。
2　水管の薄い皮をはがして縦半分に切り、真空パックにする。40℃の湯で
1時間加熱する。パックを氷水に入れて冷やす。冷えたら袋から取り出し、
約7mm角に切る。
＊低温調理することで水管の味が深まる。
3　エシャロットを細かくきざむ。コルニションをそれよりやや大きめに、
ディルも細かくきざむ。
4　マヨネーズと**2**、**3**を合わせて塩、コショウで調味する。
5　**1**の肝に塩をふり、薄力粉、とき卵、パン粉の順につけて、170℃の油で
ごく軽く火が入る程度に揚げる。
6　器に**4**のタルタルソースを敷き、**5**をのせる。

ムール貝のベニェ

火を通したムール貝を衣揚げに。
やわらかい貝にカリッとした食感
が加わっておいしい！

材料
ムール貝　12個
白ワイン　50ml
ベニェ生地
　　　ビール　50g
　　　小麦粉　30g
ソース
　　　マヨネーズ
　　　一味唐辛子
　　　サフラン
　　　パプリカパウダー
ラディッシュ

1　ムール貝のヒゲ（足糸）を引き抜
いて除き、殻の汚れをきれいに削り取
る。
2　鍋に入れ、白ワインを加えて蓋を
して火にかける。殻が開いたら身を取
り出す。
3　**2**にベニェ生地（材料を混ぜる）
をつけ、200℃の油で揚げる。
4　油をきり、ムール貝の殻に盛る。
ソース（マヨネーズにその他の材料を
各少量混ぜる）を添えて、ラディッ
シュのスライスと葉を散らす。

鮑のかりんとう 肝醤油

貝 ― 麻布かどわき　門脇俊哉

醤油で下味をつけたアワビに片栗粉をまぶして揚げものに。
肝醤油にはゴマ油を加えて火入れすると、生臭さが消えて、艶よく仕上がります。

材料

アワビ（300gサイズ）
- 醤油
- 片栗粉

アワビの肝
- 日本酒
- ゴマ油
- 醤油
- 一味唐辛子

ソウメン
エダマメ

1　アワビのかりんとう：アワビを掃除して殻からはずし、エンガワを切り取る。身を適宜な大きさに切り分ける。醤油で洗い、片栗粉をまぶして、油で揚げる。

2　肝醤油：アワビの肝の先の部分をゆでて、裏漉しにかける。鍋にとり、倍量の日本酒を加えてのばし、適量のゴマ油、醤油、一味唐辛子を加えて火にかけ、沸かして火からおろす。冷めたらガラス器に流す。

3　**1**を器に盛り、色づかないように素揚げしたソウメンを添え、塩ゆでして薄皮をむいたエダマメを散らす。**2**を小皿に入れて添える。

「アワビのやわらか煮」からの展開料理。
煮アワビは揚げてもおいしい。衣違いのふたつの味で。

材料（4人分）
アワビ　2個
　　酒、昆布、醤油、砂糖　各適量
片栗粉　適量
天ぷら衣*
　┌ 卵黄　1個
　│ 冷水　150ml
　└ 薄力粉　90g
生青海苔
金針菜
スダチ、塩、アワビの肝ソース

アワビの肝ソース
アワビの肝　2個分
酒　適量
A┌ 卵黄　1個分
　│ 醤油、みりん、ブランデー
　└　各適量

1　アワビの肝に酒をふり、蒸す。裏漉しする。
2　1に材料Aを加え混ぜる。

＊卵黄と冷水を混ぜ、薄力粉をさっくりと混ぜ合わせる。

1　やわらか煮：アワビの身を殻からはずして掃除する。鍋に身、適量の水、酒、昆布を入れて沸かし、アクを除いたら弱火にしてやわらかくなるまで煮る（約2時間）。醤油、砂糖で調味し、煮汁に浸けたまま冷ます。
2　1を一口大に切る。半量に片栗粉をまぶし、170℃の油で揚げる。
3　残り半量に磯辺揚げ衣（天ぷら衣200mlに生青海苔大さじ1を加える）をつけ、170℃の油で約3分間揚げる。
4　2、3と金針菜の素揚げを器に盛る。アワビの肝ソース、スダチ、塩を添える。

柔らかからすみと餅の挟み揚げ

魚卵 ── 麻布かどわき　門脇俊哉

色合いも美しい、お正月向きの酒肴。
餅が破裂しないよう、やや低めの油で揚げます。

材料
カラスミ（自家製・ソフトタイプ）*
餅
薄くといた天ぷら衣
木の芽

＊ボラの卵巣にべた塩をあてて6～10時間おき、水で洗い流す。焼酎で洗い、3日間干す（営業中は風干し、終業後は脱水シートに挟んで冷蔵庫に置く）。

1　ソフトタイプのカラスミを、断面が大きくなるように斜めに薄切りにする。
2　薄切りのモチ2枚に打ち粉をして、カラスミを挟む。薄めの天ぷらの衣にくぐらせ、やや低温の油温で揚げる。
3　器に盛り、木の芽をのせる。

エスカルゴ ── ル・マンジュ・トゥー 谷昇

エスカルゴの串カツ

見た目はまさに串カツ。
フランスの古典ソースをアレンジ
した、"とんかつソース"風の
ソースで。

材料
エスカルゴ
小麦粉、卵、パン粉　各適量

1　エスカルゴを3回ゆでこぼして、ぬ
めり、臭みを取る。4回目に塩入りの
湯でゆで、そのまま湯の中で冷ます。
2　水気をきって小麦粉、卵、パン粉
の順につけ、揚げる。
3　3個ずつ串に刺し、ソースをぬる。

ソース（約28串分）
ニンニク（みじん切り）　1かけ
エシャロット（みじん切り）
　小さじ山盛り1
オリーブ油　適量
シェリーヴィネガー　100ml
リヨン風ソース*　150ml
A｜イタリアンパセリ（きざむ）
　　小さじ1
　ドライハーブ　小さじ1/2
　焦がしバター　15g
　塩、コショウ

＊玉ネギをバターで茶色になるまで炒め、白ワイ
ン、フォン・ド・ヴォーの順に加えて煮詰め、漉し
たもの。

1　ニンニク、エシャロットをオリー
ブ油で炒め、シェリーヴィネガーを加
えて沸かす。軽く煮詰め、酸味がまだ
残っているところにリヨン風ソースを
加える。
2　軽く煮詰めて濃度をつけ、材料A
を加えて仕上げる。

190

卵と肉

爆弾卵

ゆで卵を揚げたボリューム満点
のおつまみ。
アジアン風味のソースで。

材料
ゆで卵　3個
卵、片栗粉　各適量
ナンプラードレッシング
　┌ ナンプラー　10ml
　│ シェリーヴィネガー　20ml
　└ オリーブ油　20ml
砂糖　小さじ2
パクチー　適量

1　卵を固ゆでにして殻をむく。
2　1をとき卵にくぐらせて片栗粉を
つける。同じことを再度繰り返し、
180℃の油で色よく揚げる。
3　1個ずつ楊枝を刺し、パクチーを
敷いた皿に盛る。ナンプラードレッシ
ングに砂糖を混ぜたたれを添える。

台湾揚げピータンの甘酢ソース

卵 — KOBAYASHI　小林武志

ピータンに片栗粉をまぶして揚げ、
香ばしさ＆カリカリのアクセントを。
普通のピータンと合わせ盛りにして食べくらべ。

材料
台湾産ピータン
片栗粉
甘酢だれ
　醤油　大さじ1
　米酢　大さじ1
　砂糖　大さじ1
　ゴマ抽　少量
　ラー油　少量
　長ネギ（みじん切り）　大さじ1
　ショウガ（みじん切り）
　　小さじ1
　生唐辛子（みじん切り）
　　小さじ1
　ディル（みじん切り）　小さじ1/2
　チャービル（みじん切り）
　　小さじ1/2
チャービル（飾り用）

1 ピータンの殻をむき、しばらくおいてアンモニア臭を抜いてから、縦8つに切る。
2 **1**のうちの半分はそのまま使い、残り半分は片栗粉をまぶしてサラダ油で揚げる。
3 甘酢だれの材料を混ぜ合わせる。
4 器に生ピータンと揚げたピータンを重ねて盛り、甘酢だれをかけ、チャービルを添える。

温泉卵を味噌漬けに。このまま食べてもおいしいところ、
揚げると油分が加わっていっそうコクが深まります。

味噌漬け卵黄の白扇揚げ

材料
温泉卵*　4個
味噌床
　┌　白漉し味噌　100g
　└　日本酒　15ml
卵白　1個分
片栗粉　適量

*卵の底（丸いほう）に針で5か所ほど穴をあける（加熱中に破裂しないよう）。ひたひたの水をはった鍋に入れて火にかけ、65℃を保って20分間加熱する。

1　温泉卵を器に割り出し、黄身だけを取り出してガーゼで包む。
2　味噌を日本酒でのばし、バットなどの底に敷く。**1**をのせ、その上にも
味噌をのせてひと晩漬けておく（3日ほど漬けておける）。
3　卵白を八分立てにして、片栗粉を加え混ぜる。
4　**2**の卵黄に**3**の衣をつけ、160℃の油で揚げる。

うずら卵のフリット

卵 ─ パッソ・ア・パッソ 有馬邦明

うずら卵を丸ごと素揚げすると
殻ごと食べられる！
カリカリした歯ごたえがおもし
ろく、カルシウムもたっぷり。

材料
うずらの卵（常温に戻しておく）
塩　適量

1　うずらの卵は、下の部分をスプー
ンの背などで軽く叩いてひびを入れて
おく。

＊揚げている間に破裂しないよう、殻の「下側」に
必ずひびを入れておく。

2　1を160〜170℃に熱した油に入れ、
30秒〜1分間ほど揚げる。

＊泡が小さくなったら引き上げる。

3　油をきり、器に盛る。塩を添える。

＊塩をつけながら殻ごと食べる。

スパイシーチキンと卵の串揚げ

卵をパン粉揚げにすると美味！
スパイシーな下味をつけた鶏肉
と一緒に串揚げに。

材料（6本分）

鶏もも肉　1枚
うずらの卵（常温に戻しておく）
　12個
A｜ケチャップ　大さじ2
　｜ソース　大さじ1
　｜醬油　大さじ1
　｜ニンニク（すりおろし）　少量
　｜コショウ　少量
　｜クミンシード（または唐辛子）
　｜　少量
B｜小麦粉　100g
　｜卵　1個
　｜牛乳　100g
パン粉　少量
パセリ（みじん切り）

1　材料Aを混ぜ合わせ、鶏もも肉を
浸けておく（約20分間）。
2　うずらの卵を沸騰した湯に入れて
2分間ゆでる。冷水にとり、殻をむく。
3　**1**の鶏肉を12等分に切る。**2**のうず
ら卵と2個ずつ交互に竹串に刺す。
4　材料Bを混ぜ合わせる。これに**3**
をくぐらせ、パン粉をつけて180℃の
油で2分間ほど揚げる。
5　器に盛り、パセリをふる。

パリパリの皮の中は半熟卵と、
ジャガイモとツナのスパイシー
なフィリング。
辛味調味料ハリサをつけると、
一気にチュニジアの風味に。

材料

卵　1個
フィリング
　ジャガイモ（皮をむき塩ゆでした
　もの）　20g
　ツナ　20g
　パセリ（みじん切り）　大さじ1
　パプリカパウダー　1つまみ
　クミンパウダー　1つまみ
　塩　1つまみ
春巻きの皮（丸型）　1枚
卵黄　適量
オリーブ油（揚げ油）
レモン
ハリサ*

＊唐辛子をメインとして各種スパイス、ニンニク、
オリーブ油などをすりつぶしてつくる赤いペース
ト。チュニジア料理の基本食材。

1　ボウルにフィリングの材料を入れ、
ジャガイモをつぶしながら混ぜる。
2　春巻きの皮の上半分のふちにとい
た卵黄をぬる。内側に**1**で半円形の土
手をつくり、その内側に卵を割り入れ
る。
3　具を覆うように春巻きの皮を半分
に折って指でつまんで閉じる。
4　100℃のオリーブ油で、ときどき
返しながら揚げる。皮が色づいてきた
ら徐々に温度を上げ、キツネ色になっ
たら取り出して油をきる。
5　皿に盛り、レモンとハリサを添え
る。

卵の包み揚げ

卵 ── カルタゴ　畑中博

スタンダードな「鶏の唐揚げ」。
皮をパリパリ、身をジューシーに
仕上げるコツは、最初は低温で
揚げ、取り出して余熱で火入れ
してから、高温で揚げること。

鶏 — 料理屋 かめ田 亀田雅彦

鶏の唐揚げ

材料（約12個分）

鶏もも肉　370g
下味調味料

> 日本酒　30ml
> うすくち醤油　10ml
> 塩　1g
> 白コショウ　少量
> ショウガ（すりおろし）　5g
> 玉ネギまたはニンニク
> 　（すりおろし）　15g
> 卵　1個

片栗粉　適量
サラダ油＊（揚げ油）
シシトウ
レモン

＊一度使用して鶏の旨みと香りがついたサラダ油
と新しいサラダ油を同量ずつ合わせて使う。

1　鶏もも肉の分厚い部分を切り開いて
厚さを揃える。余分な軟骨、筋や脂肪
を掃除し、1切れ約25gに切り分ける。
2　**1**をボウルに入れ、下味の調味料
を加えてよく混ぜ合わせる。30分間
ほどおいてから、ザルにあげて水気を
きる。別のボウルに移し、片栗粉20g
を加えてもみこむ。
3　さらに片栗粉を加え、「肉にのせ
るように」つける。これを170℃に熱
したサラダ油で約3分間揚げ（衣はま
だ白い状態）、浮いてきたらいったん
取り出して油をきる。
4　約1分間おいて、余熱で火を入れる。
5　油（180℃にあげておく）にもど
し、こんがりと揚げる（約1分半）。
6　油をきり、皿に盛る。素揚げした
シシトウ、レモンを添える。

鶏天

鶏 ―

料理屋 かめ田　亀田雅彦

ささ身を使った軽い印象の鶏天。
胸肉やもも肉を使う場合は、
火入れ加減を調整してください。

材料（2人分）
鶏ささ身　3本
下味調味料
　日本酒　50ml
　こいくち醤油　50ml
　ショウガのしぼり汁　適量
　おろしショウガ　適量
薄力粉　適量
天ぷら衣
　薄力粉　100g
　炭酸水　100g
　水　適量
トリュフ塩
天つゆ（大根おろしとおろしショウガ
を添える）
こいくち醤油（和ガラシを添える）

1　鶏ささ身の太い筋をはずし、細い
筋や膜も掃除する。下味の調味料を合
わせ、ささ身を浸ける。
2　天ぷら衣：薄力粉に炭酸水を加え、
水適量で濃度を調節してさっくりと混
ぜる。
3　**1**に薄力粉をまぶして余分な粉を
落とし、**2**にくぐらせる。ささ身の先
（細いほう）を手でつかみ、160℃に
熱した揚げ油に浸けて、太いほうを何
度か泳がせるようにして加熱したの
ち、全体を油に入れ、揚げる。
＊ささ身が浮いてきて泡が少なくなったら取り出
す（切ると中心は少し赤みが残る状態でよい。こ
の後、油をきっている間に余熱で火が入る）。

4　油をきり、切り分ける。器に盛り、
トリュフ塩、天つゆ、つけ醤油を添え
る。

今では全国区となった宮崎県の郷土料理。鶏の唐揚げを甘酸だれにくぐらせて、マヨネーズベースのタルタル風ソースをかけてすすめます。

材料
鶏胸肉（皮なし）　170g
下味調味料
　┌ 日本酒　10ml
　└ 塩、コショウ　各少量
衣
　┌ 卵（L）　1個
　│ 薄力粉　15g
　└ 片栗粉　5g
甘酢だれ
　┌ 合わせ酢（酢1：こいくち醤油1
　│ 　：水1）　70ml
　└ 砂糖　70g
レモン
キャベツ（せん切り）

タルタル風ソース
卵（L）　5個
玉ネギ（みじん切り）　1個
ピクルス（みじん切り）　75g
パセリ（みじん切り）　10g
マスタード　10g
マヨネーズ　160g
レモンのしぼり汁　50ml
白コショウ　適量

1　卵は固ゆでにしてつぶす。玉ネギを水にさらして水気をきる。
2　すべてをよく混ぜ合わせる。

1　鶏胸肉の皮をはずして下味調味料をまぶし、15分間おいて味をなじませる。
2　1に衣の材料を加えてよく混ぜる。160℃の揚げ油に入れて5分間加熱し、温度を180℃に上げて表面をカリッと揚げる。
3　甘酢だれの材料を鍋に合わせて火にかけ、沸いたところに揚げたての2を入れてからめる。取り出して切り分ける。
4　器にせん切りキャベツ、胸肉を盛り、タルタル風ソースをかける。

鶏 ── 料理屋 かめ田　亀田雅彦

ちきん南蛮

北京ダック風手羽サンド

鶏 — 美虎　五十嵐美幸

手羽先揚げを、北京ダック風に仕立てて、
パリッ、カリッとした皮目のおいしさを味わいます。

材料
鶏手羽先　4本
醤油　大さじ2
食パン　2枚
甜麺醤（テンメンジャン）　適量
キュウリ（細切り）　適量
長ネギ（白い部分／斜め薄切り）　適量
サニーレタス　適量

1　鶏手羽先は下ゆでして、水気を十分にきる。醤油をハケでぬり、網にのせて乾かす。

2　**1**を約170℃に熱した油で、皮がカリカリになるように揚げる。

3　**2**の表面に包丁をあて、骨からはずすような要領で薄く肉をそぎ取る。

4　食パンは耳を切り取って縦半分に切り、具材を挟めるように、厚さ1/2のところに縦方向に深めの切り目を入れる。

5　食パンの切り目に甜麺醤をぬり、サニーレタス（パンに挟める大きさに切る）でキュウリ、ネギ、**3**を包むようにしてパンに挟む。

手羽先名古屋風唐揚げ

名古屋風唐揚げの醍醐味は、
鶏皮のパリパリ感。
乾燥→揚げ→冷ます→揚げの温
度差がポイント。

材料

鶏手羽先　5本

塩、コショウ、日本酒　各少量

A［みりん　大さじ2

　　日本酒　大さじ2

　　醬油　大さじ1

　　ハチミツ（少し煮詰めたもの）

　　　小さじ1

B［ガーリックパウダー

　　コショウ

　　一味唐辛子

　　粉山椒

ミニトマト

バジル

レモン

1　鶏手羽先を器に入れ、塩、コショウ、
日本酒をふる。ラップフィルムで覆い、
電子レンジで加熱（800Wなら3分間、
650Wなら3.5〜4分間）する。出てき
た汁気を完全に捨て、網の上に並べ、
表面が乾くように冷ましておく。

2　材料Aをボウルに合わせる。

3　**1**を175℃の油で3分間ほど揚げ、
網に上げて、常温に冷ます。

4　**3**を再度、175℃の油で3分間ほど
揚げ、熱々のうちに**2**のたれをからま
せる。

5　器に盛り、材料Bのスパイスをか
ける（量は好みで）。ミニトマト、バ
ジル、レモンを添える。

岩手鶏唐揚げ、みぞれ煮仕立て

鶏 ―― 肉うどんの戸上家　戸上雅貴

ジューシーな唐揚げをだしで煮て、ダイコンおろしとショウガをたっぷりと。
衣につゆがしみ込み、しみじみとしたおいしさに。

材料
岩手鶏もも肉　150g
醤油、酒　各適量
片栗粉
キャノーラ油（揚げ油）
煮汁（以下比率）
　だし＊：8
　うすくち醤油：0.5
　こいくち醤油：0.5
　みりん：1
　砂糖　少量
ダイコン（すりおろす）　適量
ショウガ（すりおろす）　適量
ユズ皮
万能ネギ

＊煮干し、利尻昆布、ムロ、サバ、メジカ、ソウ
ダガツオ、カツオ（血合いなし）などを使用して
とった、うどん用のベースのだし

1　鶏もも肉を一口大に切り、醤油と酒（1対3の比率）で下味をつける。
2　水気をふき取り、表面に片栗粉をまぶして160〜170℃の油で揚げる。
3　鍋に入れ、煮汁の材料を加えて（浸かるくらいの量）、軽く煮る。仕上げにすりおろしたダイコンとショウガを加えて、30秒間さっと煮る。
4　器に盛り、ダイコンおろし、ショウガおろし、ユズ皮、小口切りの万能ネギをのせる。

ライムとミント香る
手羽元の唐揚げ

手羽元でつくる油淋鶏（ユーリンジー）。唐揚げにからめるソースにライム汁とミントを入れて、軽く爽やかな風味に仕上げます。

材料

鶏手羽元　5本
下味調味料
> 塩　2つまみ
> ショウガ（みじん切り）　5g
> 紹興酒　5g

コーンスターチ　大さじ2
ソース
> 清湯スープ*　50ml
> ライムのしぼり汁　20ml
> 三温糖　20g
> 塩　2g
> 水溶き片栗粉　小さじ1
> ミントの葉**（みじん切り）　10枚

*鶏ガラスープに豚挽き肉、鶏挽き肉、干し貝柱、金華ハムを入れ、静かにゆっくりと煮出したもの。
**バジル、レモングラスでもよい。

1　手羽元の先の周囲に包丁を入れてスジを切り、骨が露出するように肉をめくる。下味調味料をまぶし、30分間おいて味をなじませる。

2　**1**にコーンスターチをまぶし、160℃の油に入れ、温度を上げながら揚げる。衣が固まったら取り出し、1分間ほどおいて余熱を入れて、再度160℃の油にもどす。これを3回くり返す。最後に180℃の油でカリッと揚げる。

3　鍋にソースの材料（水溶き片栗粉とミント以外）を入れて熱し、沸いたらミントの葉を加え、水溶き片栗粉でとろみをつける。

4　**3**に揚げたての手羽元を入れて手早くからめる。

5　皿に盛り、飾り用のミント（分量外）を散らす。

鶏挽き肉のカダイフ巻きフリット

鶏挽き肉の具を極細パスタの衣で巻いて揚げます。
仕上げにのせたパルメザンチーズで旨みをプラス。
やさしい酸味の柑橘酢を添えて。

材料
鶏挽き肉　300g
エシャロット　2個
バター　少量
塩、コショウ　各適量
カダイフ（極細の麺）　適量
パルメザンチーズ（すりおろし）
平兵衛酢（宮崎産柑橘）

1　エシャロットをみじん切りにして塩をふり、少量のバターで焼き色をつけないように炒める。冷ます。
2　鶏挽き肉に塩、コショウで下味をつけ、よく練る。**1**を加える。小ぶりの俵型に成形し、カダイフで巻く。180℃に熱した油で色よく揚げる。
3　油をきり、ピックに刺して皿に盛る。パルメザンチーズをふりかける。平兵衛酢を添える。

空洞鶏団子

生地の中にゼリー種を入れた「かじると肉汁があふれ出る」
仕掛けの揚げ団子。鶏挽き肉とナガイモを生地にした団子は、
ふんわり＆シャキシャキの食感。ナガイモの代わりに豆腐を使うと、
さらにやわらかい口当たりに。

材料（約20個分）

A ┌ 清湯スープ＊　150ml
　├ こいくち醤油　5g
　├ 塩　2g
　└ 板ゼラチン　12g

＊鶏ガラスープに豚挽き肉、鶏挽き肉、干し
貝柱、金華ハムを入れ、静かにゆっくりと煮
出したもの。

鶏挽き肉（もも）　300g

ナガイモ　100g

B ┌ 卵　1個
　├ 塩　3g
　├ こいくち醤油　5g
　└ ショウガ（みじん切り）　10g

薄力粉　15g

1　ゼリー種：材料A（ゼラチン以外）を合わせて火にかけ、70℃になった
ら水で戻した板ゼラチンを加えて火からおろして溶かす。バットに移して冷
やし固める。

2　ナガイモをつぶして粗く切る。鶏挽き肉とともにボウルに入れ、材料B
を加えて粘りが出るまで一定方向にしっかりと練る。薄力粉を加えてさらに
練り合わせる。冷蔵庫に入れて生地を締める。

3　固まった**1**のゼリーを2cm角に切る。これを芯にして**2**の生地で包み、直
径3〜4cmほどの団子に丸める。

4　160℃の油で2度揚げして油をきる。

鶏のせせりの飴がけ。
各種スパイス入りの砂糖を使って
「甘い＆舌が軽くしびれる辛さ」
に。ポイントはせせりの揚げ方。
からめた砂糖衣が湿気ないよう、
かつパサつかないよう、3度に分
けて揚げ、カラッと仕上げます。

材料

鶏首肉（せせり）　180g

下味調味料

> 日本酒　5g
>
> 塩　2g
>
> こいくち醤油　少量
>
> とき卵　10g
>
> 片栗粉　10g

砂糖衣

A ｜砂糖　100g
　｜水　40g

B ｜花椒粉　5g
　｜辣椒粉　5g
　｜クミンパウダー　2g
　｜塩　4g

鶏

慈華　田村亮介

せせり怪味砂糖がらめ

1　鶏首肉を2～3㎝角に切りそろえる。下味調味料を合わせて、もみ込む。

2　揚げ油を160℃に熱し、**1**を45秒間加熱して、表面を固める。ザーレンで取り出して油をきり、1分間余熱で火を入れる。

3　2回目は160℃の油に30秒間入れて取り出して1分間おく。

4　3回目は180℃の油に30秒間入れて取り出す。

5　中華鍋に材料Aを入れて中～弱火で熱し、焦がさないように飴をつくる。材料Bを合わせておき、飴の気泡が細かくなってきたら加えてよく混ぜ、揚げたての**4**を入れて、鍋をあおりながらからめる。

6　火からおろして風をあてて急冷する。

＊急に温度を下げることにより砂糖が再結晶して白くなる。熱がとれると表面が固まってカリッとしてくる。

鶏砂肝と鶏レバーの揚げもの

砂肝やレバーをおいしく揚げるには、下処理が肝心。
下ゆでをしておかないと揚げている間に血がにじんできます。
レバーは火を通しすぎるとかたくなるので、ほどよい程度に。

材料

鶏砂肝
鶏レバー
中華風鶏スープ（鶏湯）
白絞油（揚げ油）
花椒塩*

*花椒（中国山椒）をミルで挽き、塩と合わせたもの。

1　砂肝の下処理：砂肝を2つに（または4つに）切り分ける。コブを上に向け、裏の銀皮、側面の皮を掃除する。沸いた鶏スープに入れ、うっすらと血がにじんできたら取り出して水気をきる。

2　レバーの下処理：レバーを2つに切り分け、筋を切り取る。細かく包丁目を入れる。水で洗い、切り目から血合いを押し出して除く。薄膜なども除く。沸いた鶏スープに入れ、うっすらと血がにじんできたら取り出して水気をきる。

3　白絞油を熱し、180℃になったら**1**の砂肝を揚げる。いったん取り出す。

4　レバーは170℃で揚げ、いったん取り出す。

5　下揚げした**3**の砂肝、**4**のレバーを、高温の油でカラリと揚げる。

6　油をきって器に盛り、花椒塩を添える。

とり皮餃子

鶏 ― 食堂 とだか　戸髙雄平

餡のベースは市販のつくね。
加える鶏ナンコツが、風味と歯ごたえのアクセント。

材料
鶏皮　適量
鶏つくね（市販品）　1 kg
鶏ナンコツ　500g
大葉　30枚
ニンニク（すりおろし）　少量
ゴマ油　適量
塩、黒コショウ　各適量
山椒ソース
ポン酢

山椒ソース
A ┃ ニンニク（みじん切り）　100g
　┃ ショウガ（みじん切り）　100g
　┃ タカノツメ　50g
　┃ 実ザンショウ　50g
ラー油　200g
豆板醤　300g
芝麻醤　300g
潮州風具材炒りラー油　300g
醤油（甘い九州風）　70g

1　つくねをつぶし、細かくきざんだ鶏ナンコツと大葉、ニンニク、ゴマ油、塩、黒コショウと混ぜ合わせる。
2　下ゆでした鶏皮で**1**を60gずつ巻き、180℃の油でからりと揚げる。
3　油をきる。切り分けて皿に盛り、山椒ソースとポン酢を添える。

1　材料Aをフライパンに入れ、ラー油を回しかけて加熱する。香りが出たら残りの材料を入れて5〜10分間煮る。
2　粗熱を取って、冷蔵庫で保管する。

鶏 ― 源烹輪　出口喜和

鶏心臓のサクサク揚げ フェンネル塩がけ

揚げ衣のサクサクとハツのコリコ
リ感の対比がたまらない。
フェンネルシード入りの塩をつ
ければ、やみつき系のおいしさ。

材料

鶏ハツ　150g
塩、コショウ
衣
> 小麦粉　75ml
> 片栗粉　30ml
> ベーキングパウダー　5ml
> 水　60ml
> 白絞油　60ml

香菜（パクチー）
フェンネル塩*

＊乾煎りして粗くつぶしたフェンネルシードと、
乾煎りした塩を混ぜたもの。

1　鶏ハツを縦半分に切って血の塊な
どを取り除く。
2　衣をつくる。粉類と水をざっくり
と切るようにして混ぜ、白絞油を最後
に加えて混ぜる。
3　**1**に塩、コショウをふり、**2**をつけ
て、120 〜 130℃に熱した揚げ油に入
れ、火が入ったら油温を150 〜 160℃
まで上げて、カラリと揚げる。
4　油をきり、器に盛る。フェンネル塩
と香菜を添える。

スペアリブの唐揚げ、山椒風味

豚 — KOBAYASHI 小林武志

スペアリブのスパイシーな唐揚げ。最後に香菜やスパイスと
炒め合わせて、香りたっぷりに仕上げます。

材料

スペアリブ（豚ばらの軟骨部分）
　200g
塩　2g
砂糖　2g
A｜卵　5g
　｜トマトケチャップ　5g
　｜老酒　5g
　｜コーンスターチ　5g
　｜玫瑰露酒（ハマナスの
　｜　リキュール）　5g
　｜シーズニングソース
　｜　小さじ1/4
　｜ガラムマサラ　1g
　｜五香粉　少量
　｜片栗粉　大さじ1
　｜醤油　小さじ1/3
強力粉　適量
生唐辛子（みじん切り）
　大さじ1
長ネギ（みじん切り）　大さじ1

香菜（パクチー／ざく切り）
　大さじ1
山椒塩　適量

1　スペアリブを掃除して、一口大
に切り分けてボウルに入れる。塩と
砂糖を加えてよくもみ込み、材料A
を加えてさらに混ぜ、下味をつける。
2　**1**に強力粉をまぶし、油で揚げる。
3　熱した鍋に油を引いてネギ、唐
辛子を入れ、香りが出たら、**2**、香
菜を加えて鍋をあおりながら炒め合
わせ、山椒塩を全体にふりかけて仕
上げる。

豚とレンコンの肉団子。レンコンのすりおろしとみじん切りを
両方入れて、ふっくら＆シャキシャキの歯ごたえに。

揚げ肉団子

材料

豚挽き肉　200g

レンコン　150g

パプリカ（赤・黄）　各1/4個

シイタケ　1枚

レモン　1/2個

A　紹興酒（または日本酒）　大さじ2
　　塩　小さじ1/5
　　コショウ　少量
　　オイスターソース　小さじ1/3
　　醤油　小さじ1/3
　　片栗粉　大さじ1
B　塩　小さじ1/4
　　花椒（中国山椒を挽いたもの）
　　　1つまみ

1　レンコンの皮をむいて3等分し、1/3をみじん切りにして、残りをすりおろす。レモンは薄切りにし、パプリカとシイタケは2cm角に切る。

2　ボウルに豚挽き肉と**1**のレンコンすりおろしを入れてよく混ぜ、材料A
を加え混ぜる。最後にみじん切りのレンコンを加えてさっくりと混ぜる。

3　**2**を適量ずつ団子状に丸め、180℃の油で揚げる。火が通って表面が茶色
に色づいたら取り出す。

4　その油で**1**のパプリカとシイタケを手早く油通しし、油をきる。

5　**3**、**4**が熱いうちに材料Bをふって味をつけ、器に盛る。**4**を散らし、レ
モンを添える。

ゴーヤのメンチカツ

豚 — 和月 酒肴 西村 幸

ゴーヤの苦みをアクセントにした
メンチカツ。
カレー塩でさっぱりと。

材料
ゴーヤ　1本
具材
> 豚ばら肉　120g
> 豚の背脂　40g
> 玉ネギ（みじん切り）　100g
> 卵　2個
> 塩、コショウ　各適量

薄力粉、卵、パン粉　各適量
カレー塩（以下比率）
> カレー粉：1
> 粗塩：2

1　ピーラーでゴーヤの表面のイボを削る。両端を切り、スプーンでワタを取り除く。

2　豚ばら肉を包丁で叩いて、粗めのミンチにする。

3　2、豚の背脂、玉ネギ、塩、コショウを混ぜ合わせ、粘り気が出たら卵を加えて混ぜる。

4　3をゴーヤの中に詰める。薄力粉、とき卵、パン粉の順につけて、180℃の油で5分間揚げる。

5　油をきる。輪切りにして器に盛り、別皿でカレー塩（材料を混ぜる）を添える。

ぺらぺらのプレスハムだからこそのおいしさ。
なつかしい昭和の居酒屋の味。

材料
プレスハム（国産）
小麦粉、卵、パン粉
キャベツ
和ガラシ

1　プレスハムを三角形に切る。小麦粉、とき卵、パン粉の順でまぶしつけ、
油で揚げる。
2　キャベツのせん切りとともに皿に盛り、カラシを添える。

揚げたてのカツレツをトマトソースでひと晩マリネした前菜。営業中は温かい場所において、オーダーが入ったら「ほの温かい」状態ですぐに提供。

材料

牛（滋賀県産木下牛）の肩ロース
　500g
卵、パン粉
塩、コショウ
オリーブ油（揚げ油）
辛口トマトソース
　┌ トマトソース＊　500g
　│ ニンニク　2かけ
　│ タカノツメ　5本
　│ イタリアンパセリ　適量
　└ オリーブ油　適量

＊トマトのざく切り（5個）、ニンニク（1かけ）、バジリコ適量をオリーブ油で炒め、弱火で煮詰めたのち、トマトジュース150gを加えてひと煮立ちさせ、塩で味をととのえたもの。

1　牛の肩ロースを1cm厚さに切り、肉叩きで叩く。
2　とき卵に塩、コショウを加える。**1**をこの卵液にくぐらせてパン粉をまぶし、多めの油で揚げ焼きする。
3　熱いうちにバットに並べ、温めた辛口トマトソースを上から流す。粗熱がとれたらラップして、ひと晩冷蔵庫でねかせる。
4　コンロの上など温かな場所に置き、ぬるめの温度で提供する。

辛口トマトソース

1　ニンニクのみじん切りとタカノツメ（種を除く）をオリーブ油で炒め、トマトソースを加えて軽く煮込む。
2　きざんだイタリアンパセリを加え混ぜる。

牛カツレツのトマトマリネ

牛 ── グシテ　西尾章平

ウサギのカツレツの「南蛮漬け」風。樽香のきいた白ワインと合わせることを想定して、マリネ液には甘みをつけず、きりっと酸味のきいた味わいに仕上げます。

材料

ウサギのもも肉	カルピオーネ液
薄力粉	┌ 玉ネギ　1個
パルミジャーノ	│ ニンニク　1かけ
卵	│ ローズマリー、セージ、ローリエ　各適量
パン粉	│ 赤ワインヴィネガー　50ml
塩、コショウ	│ 白ワイン　100ml
オリーブ油（揚げ油）	└ 塩　適量
	E.V.オリーブ油

1　カルピオーネ液：玉ネギの薄切り、つぶしたニンニク、ハーブ類を炒め、塩をふって赤ワインヴィネガーと白ワインを加えて沸かす。軽く煮詰める。

2　ウサギのもも肉の骨を抜き、1枚に開く。2等分して、塩とコショウをふり、薄力粉とパルミジャーノのすりおろしをまぶす。とき卵、パン粉をつけて180℃のオリーブ油で揚げる。油をきる。

3　**2**を熱いうちにカルピオーネ液に浸ける。冷蔵庫に入れてひと晩マリネする。

4　カツレツを皿に盛る。カルピオーネ液の玉ネギやハーブをのせ、E.V.オリーブ油をふる。

うさぎのカツレツ、カルピオーネ

うさぎ ── ナティーボ　瀧本貴士

鴨肉のフリット

鴨 — ブリッカ 金田真芳

鴨のもも肉は揚げる前に下ゆでしておくことで、コンフィのようなホロッとした食感に。
仕上がりにアマゾンカカオのパウダーとコショウをふりかけて、香ばしさをプラス。

材料

鴨のもも肉（骨付き）　500g
塩　5g
ニンニク　1かけ
白ワイン　適量
A ［ ローリエ　2枚
　　 シナモンスティック　1本
小麦粉　適量
オリーブ油（揚げ油）　適量
アマゾンカカオ
コショウ

1　鴨のもも肉を食べやすい大きさに切り、塩とニンニクの薄切りをまぶす。白ワインをふりかけて、半日マリネする。
2　鍋に**1**を入れて水をはり、材料Aを加えてゆでる（肉がやわらかくなるまで）。ゆで汁の中でそのまま冷ます。
＊骨から出ただしが、冷ます間に肉にもどる。
3　**2**の水気をきり、小麦粉をまぶして170℃のオリーブ油で揚げる。
4　皿に盛り、アマゾンカカオのすりおろしとコショウをふりかける。

やわらかく、クセの少ない仔牛のハチノスを下ゆでして、
ピーナッツ油で揚げます。
トリッパがスナック感覚のおつまみに。

内臓 ── ジジ 西田有宏

トリッパのフリット

材料

仔牛のトリッパ（ハチノス）
白ワインヴィネガー（下処理用） 少量
A ┌ 玉ネギ 1個
　├ ニンジン 1本
　├ セロリ 1本
　├ トマト 1個
　├ バジリコ 1枝
　└ 塩 少量

小麦粉（イタリア00粉） 適量
ピーナッツ油またはヒマワリ油
　（揚げ油） 適量
塩 適量
黒挽きコショウ
レモン

1 トリッパの下処理：トリッパに塩をまぶしてよくもみ、水で洗う。鍋に入れて水をはり、白ワインヴィネガー少量を加えて沸かし、ゆでこぼして洗う。これを3回繰り返す。

2 下ゆで：鍋に **1** を入れて水をはり、少量の塩を加えて火にかける。沸いたら弱火にして蓋をして、3時間ほどゆでたのち、材料Aを加えてさらに1〜2時間ゆでる（やわらかくなるまで）。ザルに上げる。

3 **2** を長さ7〜8cm、幅1.5cm程度に切り分ける。小麦粉をまぶし、180℃の油でカリッとするまで揚げる。

4 皿に盛り、塩、黒挽きコショウをふる。レモンを添える。

脳みそとカルチョーフィのフリット

内臓 ― ジジ　西田有宏

「脳みそのフリット」はイタリアのトラットリアの定番メニュー。アーティチョークも同様に揚げて、盛り合わせに。

材料

豚の脳みそ　1個
アーティチョーク　1個
小麦粉（イタリア00粉）　適量
塩　適量
卵　1個
ピーナッツ油またはヒマワリ油
　（揚げ油）　適量
レモン

1　豚の脳みその下処理：脳みそを氷水に入れ、その中で薄い膜や血管を取り除く。

2　沸騰した塩湯で**1**を約10分間ゆでる。氷水に落として冷ます。水気をきる。

3　**2**を切り分けて小麦粉をまぶし、よくはたく。とき卵（塩を加え混ぜる）にくぐらせ、180℃の油で4〜5分間揚げる。

4　アーティチョーク（掃除して、食べやすい大きさに切ったもの）も、**3**と同様の手順で揚げる。

5　油をきって皿に盛り合わせ、塩をふる。レモンを添える。

虎白【和】
小泉瑚佑慈
東京都新宿区神楽坂 3-4
（2024 年 4 月より、神楽坂 3-5-5）
050-3138-5225

KOBAYASHI【中】
小林武志
（初出掲載時店名は「御田町 桃の木」）。
開業準備中。

賛否両論【和】
笠原将弘
東京都渋谷区恵比寿 2-14-4
03-3440-5572

ジジ【伊】
西田有宏
茨城県つくば市東新井 17-3, 2F
029-860-6007

シチリア屋【伊】
大下竜一
東京都文京区白山 1-5-5
MC 白山ビル 1F
03-5615-8713

jiubar【IZAKAYA】
川上武美
東京都新宿区神楽坂 2-12
神楽坂ビル 3F
03-6265-0846

旬菜 おぐら家【和】
堀内 誠
東京都世田谷区池尻 2-31-18
ライム 2F
03-3413-5520

食堂 とだか【IZAKAYA】
戸高雄平
東京都品川区西五反田 1-9-3
リバーライトビル B1
03-6420-3734

シンシア【仏】
石井真介
東京都渋谷区千駄ヶ谷 3-7-13
原宿東急アパートメント B1
03-6804-2006

築地 竹政【和】
原田活利
東京都豊島区南大塚 3-35-7, 1F
03-3983-1103

テピート【メキシコ】
滝沢久美
東京都世田谷区北沢 3-19-9
03-3460-1077

オステリア・オ・ジラソーレ【伊】
杉原一禎
兵庫県芦屋市宮塚町 15-6
キューブ芦屋 1F
0797-35-0847

オトワレストラン【仏】
音羽和紀
栃木県宇都宮市西原町 3554-7
028-651-0108

おわん【和】
近藤邦篤
東京都世田谷区池尻 2-26-7
岡田ビル 1F
03-5486-3844

開花屋【IZAKAYA】
丹下輝之
東京都渋谷区円山町 23-7
03-3770-0878

カルタゴ【アラブ・トルコ 地中海】
畑中 博
東京都中野区中野 3-34-3
03-3384-9324

キッチンセロ【IZAKAYA】
岩倉久恵
2023 年閉店。

銀座小十【和】
奥田 透
東京都中央区銀座 5-4-8
カリオカビル 4F
03-6215-9544

銀座うち山【和】
内山英仁
東京都中央区銀座 2-12-3
ライトビル B1
03-3541-6720

グシテ【伊】
西尾章平
大阪市北区天満 2-7-1 末澤ビル 1F
06-6809-7376

クリスチアノ【ポルトガル】
佐藤幸二
東京都渋谷区富ヶ谷 1-51-10
03-5790-0909

源烹輪【中】
出口喜和
東京都中野区上鷺宮 4-16-10
青和ビル 1F
03-5987-3507

4000 Chinese Restaurant【中】
菰田欣也
東京都 港区南青山 7-10-10
パークアクシス南青山 7 丁目
03-6427-9594

アクアパッツァ【伊】
日髙良実
東京都港区南青山 2-27-18
パサージュ青山 2F
03-6434-7506

麻布かどわき【和】
門脇俊哉
東京都港区麻布十番 2-7-2, 1F
03-5772-2553

アタ【仏】
掛川哲司
東京都渋谷区猿楽町 2-5, 1F
03-6809-0965

石かわ【和】
石川秀樹
東京都新宿区神楽坂 5-37
高村ビル 1F
03-5225-0173

慈華【中】
田村亮介
東京都港区南青山 2-14-15
五十嵐ビル 2F
03-3796-7835

イル・ピスタッキオ・ダ・サーロ【伊】
檜森誠太郎
大阪府茨木市西中条町 2-12
072-657-8733

イレール人形町【仏】
島田哲也
東京都中央区日本橋人形町 2-22-2
03-3662-0775

ウィル オ ウィスプ【仏】
光安北斗
東京都渋谷区幡ヶ谷 1-33-2
03-5738-7753

エディション・コウジ シモムラ【仏】
下村浩司
東京都港区六本木 3-1-1
六本木ティーキューブ 1F
03-5549-4562

リオス・ボングスタイオ【伊】
渡部竜太郎
神奈川県横浜市中区元町 1-23-1
リバーサイド元町 1F
045-222-6101

料理屋 かめ田【和】
亀田雅彦
東京都目黒区上目黒 2-47-4, 1F
080-6287-2817

料理屋 こだま【和】
小玉 勉
東京都港区西麻布 1-10-6
NISHIAZABU1106 2F
03-3408-8865

ル・スプートニク【仏】
高橋雄二郎
東京都港区六本木 7-9-9
リッモーネ六本木 1F
03-6434-7080

ル・マンジュ・トゥー【仏】
谷 昇
東京都新宿区納戸町 22
03-3268-5911

レ・ストゥディ【スペイン】
ホセ・バラオナ・ビニェス
東京都千代田区内幸町 2-2-2
富国生命ビル B2
03-3597-0312

レトノ【仏】
和田倫行
東京都中央区八丁堀 2-8-2
03-6228-3138

ロックフィッシュ【BAR】
間口一就
東京都中央区銀座 7-3-13
ニューギンザビル 7F
03-5537-6900

分とく山【和】
野﨑洋光
東京都港区南麻布 5-1-5
03-5789-3838

和酒 月肴【IZAKAYA】
西村 幸
東京都新宿区舟町 5-25
TSIFUNAMACHI 1F
03-5919-6697

わたなべ【和】
渡邊大将
東京都港区白金 1-29-9
ライオンズマンション白金東 1F
03-6277-1733

ブリッカ【伊】
金田真芳
東京都世田谷区三軒茶屋 1-7-12
03-6322-0256

ボルト【IZAKAYA】
仲田高広
東京都新宿区箪笥町 27
神楽坂佐藤ビル 1F
03-5579-8740

マイマイ【ベトナム】
足立由美子
東京都練馬区旭丘 1-76-2
03-5982-5287

マルディグラ【仏】
和知 徹
東京都中央区銀座 8-6-19
野田屋ビル B1
03-5568-0222

美虎 熱海本店【中】
五十嵐美幸
静岡県熱海市中央町 16-3
0557-48-7211

目白 待つ宵【和】
長江良樹
東京都豊島区目白 3-5-8, 1F
03-6908-2364

モルソー【仏】
秋元さくら
東京都千代田区有楽町 1-1-2
東京ミッドタウン日比谷 2F
03-6550-8761

mondo【伊】
宮木康彦
東京都目黒区自由が丘 3-13-11
03-3725-6292

焼貝あこや【魚介】
延田然圭
東京都渋谷区恵比寿南 1-4-4
050-5890-4869

ゆき椿【和】
市川鉄平
東京都杉並区天沼 3-12-1, 2F
03-6279-9850

ラ・ピヨッシュ【仏】
宮崎智洋
東京都中央区日本橋蛎殻町 1-18-1
03-3669-7988

ラ・ベットラ・ダ・オチアイ【伊】
落合 務
東京都中央区銀座 1-21-2
03-3567-5656

トラットリア・ビコローレ・ヨコハマ【伊】
佐藤 護
神奈川県横浜市西区平沼 1-40-17
モンテベルデ横浜 101
045-312-0553

ナイルレストラン【インド】
ナイル善己
東京都中央区銀座 4-10-7
03-3541-8246

中戸川【IZAKAYA】
中戸川 弾
東京都渋谷区上原 1-33-12
ちとせビル 2F
03-6416-8086

ナティーボ【伊】
瀧本貴士
東京都世田谷区上馬 1-17-8
03-6450-8539

肉うどんの戸上家【IZAKAYA】
戸上雅貴
千葉県市川市南行徳 1-18-21
高橋ビル 1F
047-358-8591

日本料理 晴山【和】
山本晴彦
東京都港区三田 2-17-29
グランデ三田 B1F
03-3451-8320

日本料理 龍吟【和】
山本征治
東京都千代田区有楽町 1-1-2
東京ミッドタウン日比谷 7F
03-6630-0007

根津 たけもと【和】
竹本勝慶
東京都文京区根津 2-14-10, B1
03-6753-1943

パッソ・ア・パッソ【伊】
有馬邦明
移転再開準備中。

フィッシュハウス オイスターバー 恵比寿本店【魚介】
松下敏宏
東京都渋谷区恵比寿西 1-3-11
Belle 恵比寿 M1F
03-6416-1391

ブランカ【IZAKAYA】
吉岡哲生
京都市中京区御幸町三条上ル丸屋町 334
075-255-6667

初出刊行物

（すべて柴田書店刊）

『鶏料理』(2005),
『柴田書店 MOOK 居酒屋』17~20（2005-2007）,
『別冊専門料理 モダン・タパス・コレクション』』(2007),
『別冊専門料理 モダン・タパス・スペシャル』(2007),
『バーの主人がこっそり教える味なつまみ』(2009),
『別冊専門料理　野菜のイタリア料理』(2010),
『料理屋の主人が作る酒の肴』(2010),
『野菜でオードブル』(2010),
『トーキョーバル』(2011),
『辛いがうまい』(2012),
『やっぱり野菜料理よ!!』(2012),
『日本ワインと和つまみ』(2012),
『使える鶏肉レシピ』(2012),
『使える魚介レシピ』(2013),
『柴田書店 MOOK バル＆居酒屋メニューブック』(2013),
『からだ想いの家呑み和食』(2013),
『菰田欣也の中華料理名人になれる本』(2014),
『ワイン食堂のメニューブック』(2015),
『使えるじゃがいもレシピ』(2015),
『個性派ビストロの魚介料理』(2015),
『板前割烹の先付と酒肴』(2015),
『ナポリ野菜料理』(2015),
『イタリア料理の基本講座』(2015),
『使える豆腐レシピ』(2015),
『最新鶏料理』(2016),
『使えるたまごレシピ』(2016),
『タパス 360°』(2016),
『やさい割烹』(2016),
『使えるきのこレシピ』(2016),
『柴田書店 MOOK 居酒屋 2017』(2017),
『南インド料理とミールス』(2017),
『貝料理』(2017),
『割烹あらかると』(2017),
『ベトナム料理は生春巻だけじゃない』(2018),
『えび・かに・いか・たこ料理』(2018),
『居酒屋 NEO』(2018),
『イタリア料理店 10 店のつまみと前菜 146』(2019),
『柴田書店 MOOK 居酒屋 2021』(2021),

撮影／天方晴子　海老原俊之　大山裕平　越田悟全　高島不二男
　　　　高見尊裕　長瀬ゆかり　中西一朗　日置武晴　山家 学
デザイン／矢内 里
イラスト／チカツタケオ
編集／木村真季

揚肴

<ruby>揚<rt>あげ</rt></ruby><ruby>肴<rt>さかな</rt></ruby>

初版印刷　　2024年2月1日
初版発行　　2024年2月15日

編者 ©　　　柴田書店

発行者　　　丸山兼一

発行所　　　株式会社 柴田書店
　　　　　　郵便番号113-8477
　　　　　　東京都文京区湯島3-26-9 イヤサカビル
　　　　　　電話　営業部 03-5816-8282（注文・問合せ）書籍編集部 03-5816-8260
　　　　　　https://www.shibatashoten.co.jp/

印刷・製本　公和印刷株式会社

ISBN 978-4-388-06375-8
Printed in Japan

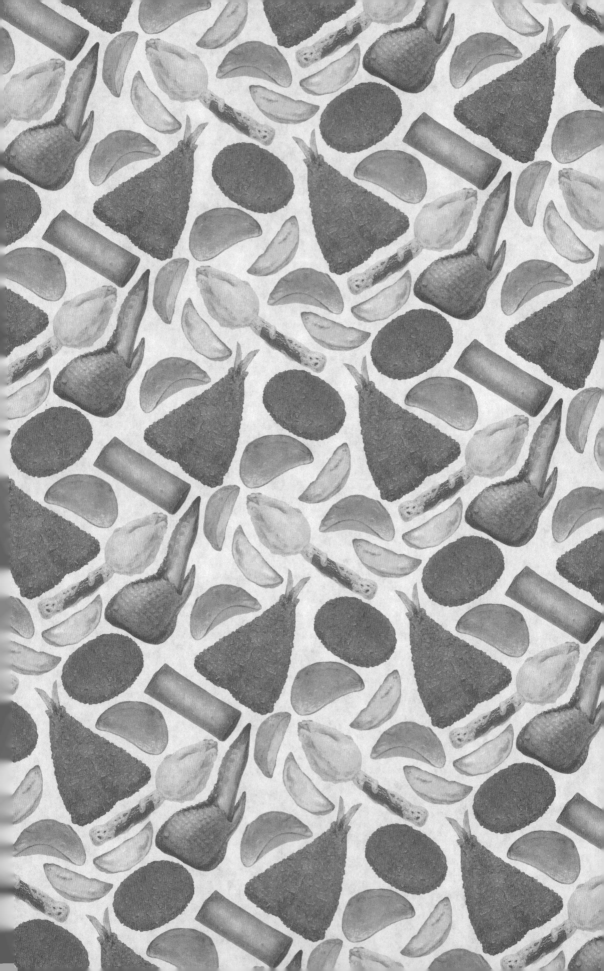

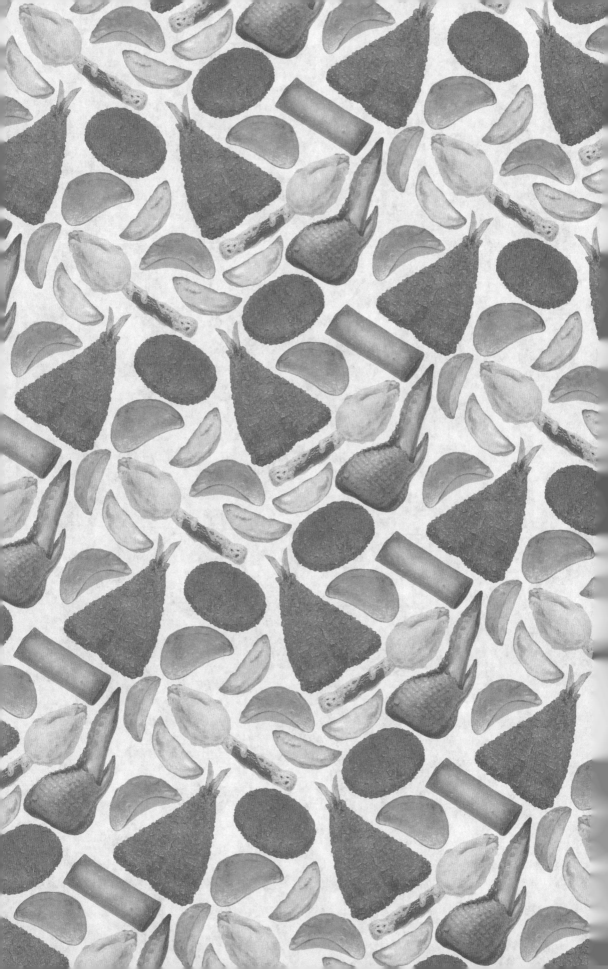